父母是弓，孩子是箭

著 / 李虹
蔡志忠

中国出版集团　现代出版社

父母是弓，

　　孩子是箭，

　　　　弓只能帮助箭达成箭的目标。

你们的孩子，都不是你们的孩子，

乃是生命为自己所渴望的儿女。

他们是借你们而来，却不是从你们而来，

他们虽和你们同在，却不属于你们。

你们可以给他们以爱，却不可给他们以思想，

因为他们有自己的思想。

你们可以荫庇他们的身体，却不能荫蔽他们的灵魂，

因为他们的灵魂，是住在明日的宅中，那是你们在梦中也不能想见的。

你们可以努力去模仿他们，却不能使他们来象你们，

因为生命是不倒行的，也不与昨日一同停留。

你们是弓，你们的孩子是从弦上发出的生命的箭矢。

那射者在无穷之中看定了目标，也用神力将你们引满，使他的箭矢迅速而遥远地射了出去。

让你们在射者手中的弯曲成为喜乐吧；

因为他爱那飞出去的箭，也爱了那静止的弓。

——纪伯伦《先知·论孩子》（冰心译）

序言一

主宰自己的命运

从前有一位未婚的年轻国王，由于他对终身伴侣的要求很高，花了几年找遍全国，都没有找到合乎理想的女孩来当他的皇后。

有一天他走到边界，森林传来一阵迦陵频伽（别名妙音鸟）的美妙歌声："天下有真爱吗？真爱在哪里啊？真爱何处寻？"

年轻国王急忙循着歌声走去，发现森林湖边有一位天使脸孔、魔鬼身材、气质非凡的仙女，吹奏芦笛，唱出仿如天籁的歌声。

年轻国王喜出望外，立即拿出准备多年的钻戒，单腿跪地向仙女求婚："美丽的姑娘啊，你是我找寻多年不可得的终身伴侣，请你嫁给我当我的皇后吧。"

仙女回首端视着年轻国王，然后幽幽地说："我也在找真心爱我的真命天子，如果你能正确回答我的问题，我便答应你的求婚。"

年轻国王说："你问吧。"

仙女说："你仔细听，问题是：什么是全天下所有女人一生最想拥有的东西？"

年轻国王稍微想了一下，然后回答说："能真正主宰自己的命运是全天下所有女人一生最想拥有的东西！"

仙女说："答对了，能真正主宰自己的一生才是女人一生最想拥有的东西。"

于是他俩就在花鸟的见证下，在美丽幽静的森林湖边结婚了。到了晚上，突然轰的一声，原本美丽的仙女变成了相貌十分丑陋的魔鬼。

年轻国王吓了一跳，仙女说："从前我遭受巫婆诅咒，每天12小时是美女，12小时是魔鬼。你希望我白天是美丽的仙女，晚上是丑陋的魔鬼；还是白天是丑陋的魔鬼，晚上是美丽的仙女？"

年轻国王不假思索坚定地回答说："我真心挚爱的皇后啊！你来决定自己白天是仙女，晚上是魔鬼；或是白天是魔鬼，晚上是仙女。"

仙女说："如果我能主宰自己的命运，能让我自己选，我当然选择白天是美丽的仙女，晚上也是美丽的仙女！"

这时又轰然一声，大地震荡，魔鬼又变回美丽的仙女。

仙女说："找到真心爱我的男人才能解除巫婆的诅咒，能让对方主宰自己的一生才是真爱。你的确是真心爱我的男人，巫婆的诅咒终于解除了，我再也不会变成魔鬼，而是每天24小时，一生永远都是仙女。"

——仙女终于找到一位真心爱她的真命天子了，仙女解除了巫婆的诅咒。从此，这对真爱彼此的年轻国王与美丽的仙女皇后便在全国人民的祝福下，度过恩爱幸福的一生。

每次我讲这个故事时，问道："你们希望你的伴侣白天是仙女、晚上是魔鬼，还是白天是魔鬼、晚上是仙女？"几乎所有男性听众便开始思考：

有的人想："白天上班不在家，老婆是美是丑无所谓，晚上是美丽的仙女才重要。"

有的人想："嗯，晚上灯一关什么都看不见，无所谓美丑，还是选白天是仙女比较好。"

只要你一开始思考，便没通过这个真爱测试，因为你思考便证明你忘了之前的承诺——真爱就是，让你的所爱主宰自己一生的命运。

自有人类文明以来，社会对女人不太公平，能主宰自己的命运是全天下所有女人的梦想，其实这也是所有男人、所有小孩的梦想！

人人生而不同，如果每个人都能依他自己的条件与兴趣、爱好，便都能走出一条适合自己的大道。

一个人选择自己最喜欢、最拿手的事，把它做到极致，无论做什么，没有不成功的啦！但在这之前，他必须要拥有——主宰自己命运的权力！真心爱自己的所爱，首先得让他拥有主宰自己的命运的权力！反过来说：没有人有权阻止别人行使主宰自己的命运的权力！无论你是他的父母或是他的生命伴侣。

黎巴嫩诗人纪伯伦说：

爱除自身外无施与，除自身外无接受。

因为爱在爱中满足了。

爱不占有，也不被占有。

——节选自《先知·爱》（冰心译）

再结合纪伯伦的诗歌《论孩子》，我们就清楚地知道：孩子要住在明天的屋子，今天没有能力替明天造屋。因为生命是不倒行的，也不

蔡志忠

与昨日一同停留。父母是弓，孩子是箭，弓只能帮助箭达成箭的目标。

竭尽你的全部力量拉满弓，让爱的箭迅疾地达到孩子希望抵达的那无穷遥远的目标。但千万切记，父母无权替孩子主宰孩子未来的命运。

让你们在扮演射者角色成为弓的喜悦；因为你们真心爱那朝向未来飞去的那支箭，而那支箭也爱那静止于今日帮助他飞向明日的那把弓。

爱，不是投资做生意，不讲求报酬率。

我们爱任何事物，是爱它本然的样子。

爱，就是让你所爱的对象成为他自己，而不是让他成为你的复制品。

爱，就是毫无条件地付出与帮助，让他主导自己的决定。

无论是爱自己或是爱子女也是如此。

如果你真爱自己，便要完全了解自己，做其所能，乐其所做，才是真心爱自己。

如果你真心爱自己的子女，便没有权力思考什么才是对他好，如果你思考，便是想替他主导他的命运。

应该毫无条件地帮助他完成他自己，让他主宰自己的命运，才是真心爱自己的子女。

以上这些观念和想法，便是我跟李虹合作写这本书的缘起。

希望这本书对读者们有所启发，能做到如何帮助自己或子女能真正做到主宰自己一生的命运——走出一条属于自己的人生之道！

蔡志忠

2021 年 6 月于杭州

序言二

让孩子做自己

有人说，如果你没有感受过焦虑，就说明你还不是一个合格的中国家长。

如此说来，我想大多数人应该都是"合格"的。

曾几何时，我一度信心满满地认为自己不会被当下的焦虑裹挟，能做到出淤泥而不染。

可事实上，在当今社会的大背景下，但凡对孩子有所期待的家长，很少人能独善其身。

就像此前热播电视剧《小舍得》里说的："我们的孩子很有可能考不进我们的母校，职位没有我们高，成人之后社会地位和经济收入都不如自己的父母。"

这恐怕是很多家长无法接受的现实。

再佛系的家长，打败他的只需要一张成绩单。

到底是什么让现在的家长焦躁不安？又是什么让原本亲密无间的亲子关系如临大敌？作为父母，我们到底该怎么做才能表达对孩子的爱？……

一直以来，一个又一个的问号让我手足无措，答案到底在哪里……

直到有一天，也许是命运使然，在一次偶然的采访中我结识了我的恩师蔡志忠先生。

有华人的地方，就有蔡志忠的漫画。没有文凭，没有师承，蔡志忠15岁便成了职业漫画家，他的作品被翻译成几十种文字传播到世界各地。

从小就看蔡老师的漫画，可以说我的国学启蒙就是蔡老师完成的。没想到，长大后能亲眼见到心中的大师。更让我想不到的是，我们之

蔡志忠和李虹在蔡志忠工作室

间还有着一段师徒的缘分。

蔡志忠的身份很难用一两个词来定义——他不仅是漫画家、国学大师、哲学家、收藏家、桥牌冠军，还精通动画、禅宗佛学、数学和物理，更对家庭教育有着自己独到的见解。

他曾专门画过关于家庭早教的漫画《漫画天才巧克力》《漫画天才计划》，还被中央电视台《开讲啦》等节目邀请作为嘉宾讲述自己的教育理念。

2019年，我和蔡老师第一次就教育的话题畅聊之后，便一发不可收。从北京到杭州（蔡志忠从2009年起常住杭州），再从杭州到北京，我们一直保持着紧密的沟通与联系，这期间，蔡老师对我的教诲不断，也让我进一步对他的人生经历、教育理念有了更为深刻的认识。

"每个孩子都是天才，只是妈妈不知道。每个人都可以厉害一百倍，只是自己不相信。"这是蔡老师常挂在嘴边的一句话，他认为一个孩子将来成就如何，跟他幼年时期妈妈的教导有很大的关系。蔡志忠说自己很幸运，妈妈从小就知道他是天才，给了他自由的成长空间。而现在的孩子很可怜，被迫成为家长的复制品。

面对我诸多的教育困惑，蔡老师告诉我："对孩子爱的定义特别要注意——有条件的不是爱，期望孩子依照父母意志发展的不是爱，是控制。爱不是投资生意。真正的爱不求反馈，是无条件地给予！"

还有一次，蔡老师对我说："李虹，你有没有发现，从小到大很少有家长、老师告诉我们要发现自己，弄清自己可以做什么、会什么、不会什么，而总是要求我们跟别人看齐，做别人或社会期待的复制品，乃至邯郸学步，别人的步子没学会，连自己的步伐也忘了。到头来两头落空——什么都不是！而我比较特殊的就是——4岁半以前想通我是谁，将来要做什么，一辈子不曾怀疑，不曾改变！只是尽情做自己。"

让孩子做自己！而不是家长希望的样子！

这些话对当时的我来说可谓字字珠玑、句句入骨，逐渐熄灭了内心的焦灼之火。于是，我有了一个想法，为什么不把蔡老师的教育思想以及对我的教诲、启发记录下来，分享给更多的正在迷茫、困顿的中国家长？

这是我和蔡志忠老师合著的第二本书。我们合著的第一本书《我命由我不由天》是蔡志忠老师七十年人生精华，是写给孩子们看的，目的是希望蔡老师的人生智慧对当下的年轻人有所借鉴。而这本书是写给家长看的，希望更多的父母能从蔡老师的教育理念和育儿方法中得到启发，从而对孩子的教育有哪怕一点点的改观。

蔡志忠和李虹录制视频节目

最后，我想借用蔡老师一段的话告诉所有的父母："每个人无论出身如何，只要真切了解自己，便能主宰自己的一生。愿天下的父母，人人都能让孩子有机会成为他自己，把孩子培养成天才，走出属于他们自己的人生之路。给孩子一个机会，帮助他成为最好的自己，那么他们便会厉害一百倍，让你们刮目相看。"

李虹

2021 年 7 月于北京

目　录

第 **1** 章

每个孩子都是天才，只是妈妈不知道

1．"无论我功课好不好，我妈都爱我"

自从女儿上了学，一种莫名的焦虑就开始在我的体内蔓延，并且越发严重。

我曾经一直对自己的孩子信心满满，我和先生都是从小很要强的孩子，学习上从来没有让家长操过心。我们也一直坚信，我们的孩子会跟我们一样，毫无疑问地自带驱动。

然而事实上，很多时候，你认为理所应当的并不是自己想象的那样。

我有个朋友，夫妻俩都毕业于北京大学，儿子即将参加高考，成绩还可以，但因为爱打游戏并不稳定。有一天闲聊中朋友无奈地说，如果儿子考不上清华大学、北京大学，恐怕孩子的妈妈最先接受不了。

"时间紧，任务重。"这是女儿上一年级时，我经常挂在嘴边的一句话，至今被朋友和同事称为笑谈。可这却是我当时最为真切的感受。

那段时间，我感觉心里像被装上了一个倒计时的钟表，每天早上从睁开眼的那一刻，便开始嘀嗒嘀嗒地启动了。下班回家见到孩子，秒变监工，先在脑中扫描一圈今天的学习任务，随即像上了发条一样，开始执行各种程序。

在这个过程中，如果你的 partner（拍档）配合得好，那么母慈子孝，家里充满了温馨祥和。

但更多时候，在程序执行的过程中，你的 partner 会生出各种无法理解、无法想象而且是无法解决的问题来考验你。如果没有足够的智慧与耐心，就会导致程序延迟，死机，甚至系统崩溃！

如此的情景，想必辅导过孩子做作业的家长都不会陌生。

毫不夸张地说，"焦虑"已经渗透到中国大部分家庭。

无论是小升初、初升高，学区房，课外培训班，是否该出国留学，等等，每一个话题都能让焦虑感爆棚。在中国，新中产阶级家长内心深处有着巨大的不安全感。他们希望自己的孩子可以继续接力，向更高的社会经济地位跃迁，为此不惜重金，让孩子去上各种辅导班，学习各种才艺，让孩子有更大的机会进名校。

在这场竞赛中，父母不惜牺牲绝大部分的个人时间，同时负担起昂贵的学费和课外补习、兴趣班、游学的费用，以及为孩子将来出国做准备。

几年前，我曾经偶然被拉进一个家长群，里面会聚了几百位帝都"鸡娃"的家长，每天都在热火朝天地讨论着"早培""六小强""剑桥CAE"、IMO……还有家长真的在问："我家孩子 4 岁了，英语词汇量1200 个够不够？……"

如果不是亲眼所见，我恐怕会以为这些都是新闻媒体放大的极端个例，怎么可能有如此夸张的家长？

每天被这样的信息裹挟着，我发现自己经常会莫名地紧张，就像被卷入了一个巨大的旋涡，还有一种强烈的紧迫感：如果不拼命地扑腾，就会喘不过气来。

几天之后，我果断退群。

再待下去，恐怕精神和身体都要出问题。

在这种时不时令人呼吸急促的环境里，我不止一次地想要逃离。

但逃避不是办法，我想要找到答案——

我一辈子也不会忘记那一天。那是2019年的4月，恰逢世界读书日，蔡志忠从杭州来到北京，在前门大街的 PAGE ONE 书店，出席普林斯顿大学出版社出版的《漫画孙子兵法》英文版的新书发布会，之后接受了我的专访。

那次的专访本想从文化的方向解读"中国文化如何走向世界，影响西方"，但没想到的是，我们的访谈却阴差阳错地在家庭教育领域碰撞出了火花。

那天，我按照事先约好的时间来到了蔡志忠老师下榻的酒店。

一进门，发现桌子上摆着三幅小画。蔡老师说，今天他要接受三家媒体的专访，这是他刚刚画的，准备送给采访他的记者朋友。因为我是第一个，所以让我先挑一幅。

我仔细端详着桌上摆着的三幅小画，它们风格迥异，却同样精致细腻。我一眼看中的是一幅有着如莲般微笑的观音，寥寥几笔却让人心中平静安详。

我犹豫了一下，还是没有选这幅，而是选了一幅坐在椅子上的蓝色小猫，它在说："妙。"

"我很喜欢这幅观音，但我的女儿特别喜欢猫，所以我选这张猫吧，送给女儿。"

蔡老师笑着说："我也很喜欢画猫，如果让我变成一种动物，我一定会选择猫。"

"为什么呢？"我不解其意。

"对猫而言，你爱它、疼它，它会说'妙'，打它、骂它，它也会说'妙'。'妙！妙！妙！'是它处事的万妙绝招。妙言妙语总是无往不利。"蔡老师说着，拿起笔来，"你女儿几岁了？我来为她写句话。"

说着，他在画作左上角的空白处写下"无论我功课好或不好，我妈都爱我"。

我不由得会心一笑。

蔡老师随后跟我聊起了他的女儿，以及他对教育的理解和感悟。

"纪伯伦在他的《先知》中表达了这层意思：你的儿女，其实不是你的儿女。他们是生命对于自身渴望而诞生的孩子。他们借助你来到这个世界，却非因你而来，他们在你的身旁，却并不属于你。你可以给予他们的是你的爱，却不是你的想法。我的女儿两三岁时，我就告诉她：你是我的女儿，我是你的爸爸，不可选择。就算你犯100万次错误，也不会改变我是你父亲的事实。就算你考100次0分，我也依然爱你。无论你遭遇什么样的麻烦，请你第一时间告诉我，我一定是全球70亿人中最愿意帮助你的人。"

4月的北京，阳光充足而

无论我功课
好或不好……
我妈都爱我

明媚，透过窗子照进房间，洒在我的身上，我感到一阵阵暖流不断涌向全身。

那天我们聊了两个半小时依然意犹未尽，要不是因为蔡老师有其他的行程安排，恐怕还会继续。

临别前，蔡老师看着我意味深长地说：

"我们自己的小孩，如果我们自己不挺，期待将来谁来挺？我们自己不支持，期待将来谁来支持？我们自己不理解，期待将来谁来理解？我们自己不爱，期待将来谁来爱？"

这些话就像一颗催泪弹，让我的眼泪瞬间决堤……

回到报社，我不敢有片刻耽搁，打开电脑，如有神助般完成了这篇《蔡志忠：父母是弓，孩子是箭》。

2. 快乐，蔡志忠对女儿最大的期望

> 我给女儿起名"欣怡"，"欣"就是快乐的样子，"怡"就是快乐的心情。这就是我对她的最大期望。
>
> ——蔡志忠

文章见报后产生了一定的影响，有家长打来电话表示自己深受启发，反思自己的教育方法。我把自己的采访经历和许多朋友、同事分享后，很多人跟我一样眼含热泪，我知道这其中既有认同也有感动，也许同时还带着些许懊悔吧。

一篇小小的文章远不足以阐释蔡老师的教育观，这是一个巨大的宝库，我希望能够挖掘出更多的珍宝，呈现给当下跟我一样处于焦虑中的家长们。于是我拨通了蔡老师助理的电话，表明了自己希望对蔡老师进一步采访的想法。

说实话，之前我的心里非常忐忑，想过一万次被拒绝。但即使被拒绝，总要试过才甘心。

没想到，电话打通的那一刻，我得到了特别愉快的答复。

蔡老师非常愿意分享自己的一些想法和观念，去帮助更多的家长，"挽救"更多的孩子。

于是，在接下来的端午节假期，我乘坐高铁从北京来到杭州，开始了一段教育寻访之旅。

蔡志忠接受《环球时报》专访稿

蔡志忠工作室位于杭州西溪创意产业园。

这是一座被绿树掩映的二层别墅，门口矗立着一尊半人高的石佛。我按下门铃，一位白衣飘飘的红发老者打开门，带我走进宽敞的房间。目测别墅的一层大厅有百余平方米，进门处一幅巨大的《般若波罗蜜多心经》映入眼帘，还有几幅充满佛学禅宗味道的画作装点各处，房间的中央摆着一张三米左右的长桌，上面密密麻麻地立着几十尊佛像。

大厅的尽头是一个房间，有五六十平方米的样子，一整面墙是书架，上面整齐地摆放着蔡志忠被49个国家出版的作品，另一面墙则陈列着包括金马奖在内的各种大大小小的奖杯。窗边的位置被一张中式木床和书桌隔了出来，蔡老师说这里就是他的卧室，工作、睡觉都在这里，不超过4平方米。

蔡志忠工作室门口的石佛

坐定后，蔡老师为我端来一杯咖啡。他说一天要喝三十多杯。

在接下来的几天，我每天朝九来，晚九走，一头扎进与房子主人之间的对话中，感觉像一口气看完了十部传记电影，因为蔡志忠说他过了普通人十辈子的人生。

从"二战"后贫困自由的童年生活到命运的每一次跌宕转折，从大道至简的人生哲学到各种接地气的方法论……蔡老师用他那温婉的台湾腔娓娓道来。

蔡志忠是台湾彰化人，1948年出生在台湾彰化县花坛乡，一出生就受洗成为天主教徒。而他有别于常人的人生经历也注定了自己不平凡的一生：

1岁起，开始听《圣经》故事。

3岁半，开始思考人生的目标。

4岁半，找到人生目标，决定要画一辈子画。

9岁，立志成为漫画家。

15岁，初中二年级辍学，孤身一人赴台北成为职业漫画作者。

23岁，进入电视台当电视美术设计。

24岁，自学动画设计和制作，进军动画领域。

29岁，创立远东卡通、龙卡通动画公司，拍摄动画广告影片，并制作《杜子春》《七彩卡通老夫子》《乌龙院》等动画电影，其中《七彩卡通老夫子》创下台湾地区有史以来电影最高票房纪录，并荣获1981年金马奖最佳卡通影片。

36岁，获选台湾地区十大杰出青年。

蔡志忠工作室内景

同年结束动画公司的经营，只身到日本东京四年，创作《庄子说》《老子说》《禅说》等四十多本《漫画中国思想》系列作品。该系列出版之后，迅速成为中国台湾畅销书第一名，被全球49个国家和地区出版，全球总销量超过4000万册。

42岁，全家移民加拿大温哥华。

43岁，回中国台湾创作漫画《佛经》。

50岁，闭关十年研究物理、数学，将研究心得整理出版有《东方宇宙》《时间之歌》《宇宙公式》。

51岁，因为特殊文化贡献，荣获教育功劳奖、世界文化传播奖、文化杰出亚洲人荷兰克劳尔亲王奖，1999年12月8日由荷兰克劳斯王子基金会颁发，以表彰他"通过漫画将中国传统哲学与文学做出了史无前例的再创造"。

61岁，入驻杭州，并被评为2009年度文化人物时尚先生。

63岁，获得金漫奖终身成就奖。

72岁，在少林寺出家。

……

看了他的履历，可能很难相信，如此丰富的经历，如此广度与深度的造诣竟出自同一个人。

蔡老师告诉我，他过了普通人"十辈子"的人生，而他之所以能取得今天的成就得益于早早地发现了自己，这离不开父母宽松的家庭教育，他也是这样教育自己的女儿。

"每个孩子都是天才，只是妈妈不知道。"这是蔡志忠经常说的一句话。在他看来，每一个孩子都有自己的天赋和使命，需要家长尽早地发现孩子，让孩子"成为他们自己"，而不是看到别人干什么，也要自己的孩子干什么，不管孩子是否适合、是否喜欢。

蔡老师对我讲起女儿："因为太太工作很忙，而我的时间相对自由，因此女儿蔡欣怡从1岁开始大部分时间都是我带的，女儿不到2岁的时候我就教她过马路。她第一天上小学的时候，我带她坐公交车去学校，第一站、第二站、第三站……等到了学校，我就问她，知道怎么回事了吗？她说，知道了。那你放学后要自己坐公交车回家哦！"

放学时，他不仅自己不去接女儿，也不让太太去接。面对别人的质疑，他却理直气壮地说："她都满6岁了呀，难道将来我们还要陪她一起和男朋友约会吗？"

蔡志忠说，自己会在女儿做力所能及的事情的时候放手，尽量让她自己做决定。不然的话，她永远都长不大。

从小到大，蔡志忠就尽可能地让女儿自己做主。

蔡欣怡刚两三岁时，蔡志忠就常常带她出去吃饭，而且让她自己决定吃什么。

"我拿着菜单，她在一旁说：'爸爸，上面写的是什么？念啊念啊。'我就念：'回锅肉、宫保鸡丁、糖醋排骨……'然后给她解释每道菜的原料，怎么做出来的，是什么样的味道。她点什么我都可以吃，最重要的是，她会说，这些都是她自己喜欢的。"

"做父母就要及早地放手，我们不可能陪伴他们到死亡。在他们能够做什么的时候，我们就要选择放手。她能够走路，就让她走路；她有想去的地方，就让她去。我女儿9岁的时候就可以坐几十站路公交车，到台北最繁华的地方，买完东西然后再自己回来。12岁的时候，她就一个人绕了半个地球旅行。女儿数学考了0分，我请她吃牛排……"

"如果现在有人这样做，很有可能会被看作是不负责任的家长。您有没有想过这样教育子女，将来她能成为什么样的人？"我不解地问道。

"我不知道她会成为什么样的人，但是我知道的是她会很快乐。我给女儿起名'欣怡'，'欣'就是快乐的样子，'怡'就是快乐的心情。这就是我对她的最大期望。"

3. 每个孩子的目的地不同

> 我们打开门走出去，都清楚地知道自己要去哪里。而人生这么重要的旅程，有谁打从一开始便清楚地知道自己的目的地？大多数人都只是跟随大家一起走，就好像开车上了高速公路，生怕别人超过自己，于是不断加足马力，不停地追赶，然而开了大半辈子，竟然不知道自己要去哪里。
>
> ——蔡志忠

在蔡志忠看来，中国家长的焦虑缘于没有目标和方向。就好比你在高速公路上开车，却不知道目的地。

蔡志忠也曾有过焦虑的时候，不是教育女儿，而是教育自己。

4岁半的时候，他曾经焦虑地躲在父亲的书桌下思考，又怕家里人以为自己神经不正常，还把凳子抽回去。他终于在4岁半时决定将画画作为自己人生的方向，并一直沿着这个方向走到现在。

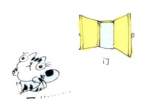

我们打开门走出去，
是知道要去哪里，
去做什么事的。

我们开车上高速公路
是知道目的的！

以终为始，先确定目标

然而，人生这么重要的
旅程竟然99.999%
的人都不知道我们
来此一辈子，到底什么
才是自己的终极目的。

　　"每个孩子的目的地不同，每个人都有自己的旅程。你的孩子要去法国的巴黎，为什么要羡慕别人家去日本东京的孩子呢？"

　　"每个小孩都是天才，只是妈妈不知道；每个人都可以厉害一百倍，只是自己不相信。我们大多数人的一辈子，就像徐志摩的诗，悄悄地来，悄悄地走，不带走一片云彩；但我们有幸来到这个世界，不能这样不明不白地来，不明不白地走。人生旅途百十年，如果连目的地都不知道，就忙着上高速公路跟别人飙车，还不愿意去休息站想想未来的方向，岂不是活得很荒谬？"接着，蔡志忠说道，"每个人要先想清楚我是谁，我从哪里来，要到哪里去。而作为父母，要帮孩子及早发现自己。"

1995 年 5 月，蔡志忠去美国西海岸出席双日出版社所举办的华盛顿大学、俄勒冈大学等知名院校的"蔡志忠漫画中国思想系列"巡回演讲和媒体宣传活动。有一天他在西雅图的一家咖啡馆休息，同行的朋友问他："如果你当教育部长，你会让学生学什么？"

蔡志忠回答道："第一课——我是谁？比如我是蔡志忠，我很善于思考，但不擅长演讲。第二课——你是谁？比如你很会唱歌但不会画画。了解人人生而不同，每个人都有不同的优缺点。第三课——我们。我们是相互合作还是相互对立？第四课——他们。同时了解我们与他们的不同专长、领域以及合作和对立的关系。"

"然后呢？"朋友追问道。

"然后？然后当然就毕业了！"蔡志忠回答。

"只教我、你、我们、他们这四课就够了吗？"

蔡志忠笑着说："请问，世界上有哪一所学校教得这么多？教得这么深？"

了解自己是人生第一个智慧，
了解自己之后才有能力真正了解世界！

20 世纪初，黎巴嫩哲学家纪伯伦说："唯有一次我无言以对，就是当一个人问我：你是谁的时候。"

　　我是谁？我从哪里来？我要去哪里？我这辈子要做什么？要达成什么目标？

　　了解自己，知道自己要做什么。知道自己要什么，便知道自己不要什么。真切了解自己是人生第一个智慧！于是便能很清楚地在弱水三千中只取一瓢饮，便能真正地制心于一处，达到无事不办的境界。

　　真正了解我是谁，也很清楚知道要做什么，达到什么目标，便不会走错路，便能轻松惬意地走出一条属于自己的人生之道。

　　这是蔡老师对弟子们的教诲中重要的一课。

蔡志忠说：每个孩子都是天生，每个孩子都是天子，每个孩子都是天才——天生、天子、天才。

父母要做关注孩子个人发展的导师。通过帮孩子创造自我，认识自我，培养独立的思辨能力，让他们通过建立起自己的学习态度和意愿，去探究和追求真理。

女儿蔡欣怡长大后，无论是选择大学、工作还是找男朋友全都由自己做主，但她信任爸爸，事无巨细都会告诉蔡志忠。蔡欣怡小时候老是觉得别人的爸爸比自己的好，蔡志忠就告诉她："每个爸爸的优点都不一样，你问问他们谁会画漫画？你不能把每个爸爸的优点集合到一个人身上。"

蔡志忠还说，在女儿小的时候，他每年都要讲一遍："你是我的女儿，我是你的爸爸，无可选择。你就像我的小拇指，就算你犯100万次错误，也不会不是我的小拇指；如果小拇指断了一半，我会更加爱护它。即使你犯了错误，也不要怕我知道。全世界有70亿人，最可能帮助你的人就是我。"

蔡志忠毫不谦虚地说："我女儿是全天下最幸福的人，我想她的一生都会很快乐。"

4. 妈妈心里住了个"别人家的孩子"

样样通，不如一样精！

——蔡志忠

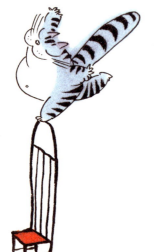

曾经一则流传于网络和微博的热帖引发众多网友的共鸣："从小我就有个宿敌叫'别人家的孩子'。这个孩子从来不玩游戏，不喜欢逛街，天天就知道学习。长得好看，又听话又温顺，回回考试年级第一，还有个有钱又正儿八经的男朋友（女朋友）。研究生和公务员都考上了，会做饭，会家务，会八门外语……"

很多妈妈心里都住了个"别人家的孩子"。

就像有一首歌里的歌词："别人家的小孩，全世界第一可爱，打赢一个，无数个又出来……"

在蔡志忠看来，这种比较也是引发焦虑的一个重要因素。

作为家长的你，是否有过这样的时候：每当刷微信朋友圈看到"别人家的孩子"弹钢琴、下围棋、秀书法、展示画作时，再看看自己正在疯跑傻玩的娃，心里激起一阵莫名的紧张，恨不得将熊孩子马上拉过来臭骂一顿。

网络的迅速发展方便了沟通，父母能很方便地通过移动互联网随时随地了解孩子的一举一动。而且，看到朋友的孩子4岁就可以熟背唐诗300首，就开始逼着自己的孩子也必须将古诗文都背透；看到同事的孩子已经考过了钢琴八级，就开始天天逼着自己的孩子在钢琴面前练上3小时；看到邻居家小孩考了第一名，就对自家考了第三名的孩子冷言相向……总之一切都要比别人好，比别人优秀，生怕孩子落后于别人！

"你看看人家前三名的成绩""你看看人家画的作品""你再听听人

家的主持"……

人家，人家，总是人家，家长就是盲目地拿"别人家的孩子"与自己的孩子做比较。

在《中国青年报》做出的一份关于父母焦虑的原因调查问卷中，67%的受访者归因于攀比心理重。许多父母在教育孩子时都会不由自主地掉入攀比的旋涡中，无法自拔。

几年前，我曾发现一个十分奇怪的现象，每天上班都会经过一所小学，总能看到校门口不远处的空地上或者人行道上，三四个年龄相仿的中年女人各自凑成两圈，在热烈讨论着什么。

"是在搞传销吗？"最初，我的心里一直犯嘀咕。

有几次，从她们身边经过时，总能听到"某某孩子""考级""辅导班"之类的字眼。后来我才知道，原来那些人是旁边学校的孩子家长，而且清一色都是妈妈。每次把孩子送进学校后，妈妈们便凑在一起，不停地说着别人家的"牛娃"还有自家的"熊孩子"：谁家的孩子钢琴过了八级，谁家的孩子英语考过了KET、PET，谁家的孩子被早培班录取了，谁家的孩子考上了重点中学，谁家的孩子获得了什么大奖……而自家的娃一看书就犯困，一写作文就头大，一练琴家里就开始吵架……简直就是罄竹难书，一无是处！

有一天早上，我又路过这所学校，学校大门紧闭，早就过了入校时间。在距离校门三四百米的地方，一位妈妈和儿子僵持不下，妈妈冲着男孩旁若无人地喊着："你知道你多大了吗？你都已经10岁了！你看看谁谁谁，有像你这样的吗……"而那个孩子背着书包，一声不吭，任凭劈头盖脸地责备。他低着头，抬抬起眼睛盯着妈妈，那眼神里分明是不服、不屑、愤怒，仿佛随时准备揭竿而起的斗士，而妈妈的声音里满是着急和委屈。

看着眼前这一幕，我不禁感到一阵阵寒冷，好像那个深秋早上的寒风刮进了心里……

可是，别人家的孩子又能怎么样呢？我们只看到光鲜亮丽的一面，而背后的苦楚又有谁知道？

我小时候，我妈嘴里那个"别人家的孩子"是她同事的女儿，大我1岁，文文静静，学习成绩不是一般的好，回回都考年级第一，中考时从一个普通的中学考上了省重点高中。不仅如此，在我妈的口中，这个小姐姐就是天使一般的存在，学习好不说，生活上也是标杆——她从不挑食，更不挑衣服，妈妈做什么饭就吃什么饭，给买什么衣服就穿什么……从来没让父母操过心。我小时候，这个小姐姐就像是启明星一样，熠熠生辉又遥不可及。我还被多次安排着去向人家"取经"。

高考时，这个小姐姐以优异的成绩考上了哈尔滨工业大学航空航天专业。在所有人看来，她将来一定会成为国家航空航天业的专家。从此，前程似锦，人生无忧……

然而，人生的故事往往不按照剧本来上演。几年之后，剧情发生了惊天大反转——

小姐姐的妈妈开始跟朋友、同事抱怨：女儿上了大学后变了，一向朴素勤俭的她开始疯狂地买衣服、化妆品，很多衣服连标签都没拆就淘汰给了妈妈。生活费一个月比一个月高，对于工薪阶层的父母来说，压力实在不小。

后来，小姐姐大学毕业后，学校保送研究生，但她坚决不上，说是不愿再学以前的专业，而是毅然决然地和同学来了北京，说是要考北京的研究生。

再后来，听说小姐姐没有考上研究生，工作也没有着落。眼看到了结婚的年龄，也全然没有任何消息，她的妈妈急得天天睡不着觉。

从那之后，很少听到她的音信。她那原本性格泼辣、爱说爱笑的妈妈变得沉默寡言，信了教，见到熟人朋友也远远地躲开，绕着走。大家猜她是怕别人问起曾经光彩耀眼的女儿。

前几年，我回老家远远地见过那位阿姨，她好像完全变了一个人，用帽子和纱巾把自己围裹得严严实实，原本丰满的体态变得消瘦。我很想上前打个招呼，但想了想，还是闭上了已经张开的嘴……

别让孩子背着光，活在"别人家的孩子"的阴影里。

蔡志忠说，不要拿自己跟世界上任何人相比，如果你把自己和别人比较，那是对自己的侮辱。自己孩子也好，别人家的孩子也好，都被迫置入家长们的比较行列，而孩子的"自我"却被忽视。每个孩子都是独一无二的个体，比较应该只发生在他自身成长的变化，而不是与别人家的孩子论短长。

5. 孩子是西瓜，就让他做西瓜

生命其实很简单：
每个人都有自己的天堂，
每个人的天堂都不一样。

天空是鸟的天堂，

深渊是鱼的乐园。

找寻生命中的天堂，

然后将自己摆在对的位置上。

——蔡志忠

"孩子是什么，就让他做什么：是西瓜就做西瓜，是冬瓜就做冬瓜，是苹果就做苹果；冬瓜不必羡慕西瓜，西瓜也不必嫉妒苹果……"在蔡志忠看来，父母认清孩子，帮助孩子认清自己非常重要。

蔡志忠始终认为：天生我材必有用，每一个孩子都有自己独特的价值。

找到自我，对一个人来说太重要。教育者的终极目标就是帮助学生找到自我价值。

中国的教育有极为重要的一课，那就是帮助孩子找到自我的生命价值课。

每个孩子都有自己的天赋和价值。

有些孩子早早地闪耀光芒，有些孩子需要时间和耐心来精心打磨。他不一定是颗耀眼的钻石，但也温润如玉。

换个角度来说，孩子没有必要成为一个全才。每个人的时间和精力一定是有限的，也不可能面面俱到。

当了父母后，不是处女座的父母也变得开始追求完美，过多地注意孩子的缺点，而忽略了孩子本身的优势。

作为父母的我们何尝不是在一次次失败中成长起来的？我们必须承认自己不是万能的，比如在工作领域，我是这个领域的专家，但是对于其他领域来说我可能一窍不通。孩子又何尝不是？父母首先应该承认孩子存在个体差异，而且孩子在成长的不同阶段也存在差异。

很多父母往往非常信任"木桶效应"，在教育孩子的过程中不自觉地就会想要弥补孩子的短板。比如，孩子的英语很优秀，但是数学成绩不理想，于是开始给孩子报辅导班，请家教；孩子唱歌跳舞不错，但学习成绩一般，你却要求孩子学习成绩一定要提上去，于是开始疯狂给孩子搞题海战术。在这些父母的眼中，见不得孩子有丝毫的缺陷。一旦发现，立马如临大敌，惶惶不安，仿佛天都要塌了。

蔡志忠认为，样样通，不如一样精！

在这个知识爆炸的时代，不仅需要"百事通"，更需要专攻一行一业的人才。所以，不必让孩子放弃自己的长处而选择"泯然众人"，与其到最后样样都不出彩，倒不如让他有那么一个拿得出手的特长。

作为家长，一定要帮助孩子及早找到属于自己的那把刷子。

蔡志忠老师对我讲起了这样一个故事：

"有一天，我去菜市场的一家面店吃饭，

一个年轻人坐到我面前问我，为什么能够画出那么多漫画？我回答说，任何菜市场，不论是胡志明市、温哥华还是北欧，卖的东西无非是鸡鸭鱼肉、蔬菜水果，但为什么会有法国菜、英国菜、意大利菜，就单中国菜还可以分出川菜、湘菜、鲁菜、粤菜等那么多菜系？就是因为手艺不同。

这说明什么道理？在所有素材都差不多相同的情况下，关键不在多，而在于灵活运用，在于是否会整合素材，是否有创新思考。要出类拔萃，就一定要保留自己的独特性，要做独一无二的自己。"

每个人注定要度过只属于自己的一生，任何人都无法复制。有的人热衷开拓和创新，喜欢用商业模式改变社会进程和人们的生活方式，比如说比尔·盖茨和乔布斯；有的人天性善良，他们认为人生的价值就是传播爱与慈善，比如特蕾莎修女；有的人善于思考，有的人天生喜欢探险，还有的人心灵手巧，具有匠人精神……

蔡志忠说："作为父母，永远不要看不起自己的孩子，永远不要放弃自己的孩子。我们要帮助他们找到他们的天赋和价值，帮助孩子找到那份属于他的独一无二的生命价值。"

我曾经采访过一位从事亲子关系修复的心理学教授，她为家长推荐过一部日本电影，名叫《垫底辣妹》，影片中十几岁的女主角工藤沙耶加是个学业上彻彻底底的 loser（失败者），看上去完全没有希望的人生，却在妈妈和辅导学校的老师的呵护和激发下，考入了似乎难以企及的目标大学。他们对这个被人人放弃的女生拥有信念，在她身上看到常人未发现的潜能，是这一"奇迹"能够产生的根本。

如今，中国父母的焦虑根源并不是财务或其他压力所致，而是在孩子成长的过程中很少有人看着他们的眼睛，认真地告诉他们：你足够完美，你是宇宙间独一无二的存在。

"每个人的自我都是独一无二、不可重复的，每个人都理应在唯有一次的人生中实现这个自我的价值。"

正如"世界上没有两片完全相同的叶子"一样，世界上也没有完全相同的两个人。从孩子出生的那一刻起，就决定了他的与众不同。个体发展的差异性也告诉我们，个体在认识、情感、意志等心理活动过程中总是有差异的。

当家长的，要意识到孩子的独特性。有的孩子擅长绘画，有的孩子擅长弹钢琴，有的孩子擅长播音主持，等等，每个孩子都是独一无二的。所以，你要正确地认识到这种"不一样"。

每个孩子都有自己的成长发展规律，也都有自己的兴趣爱好，一味地以家长的期待和想法要求孩子，只会让孩子更加反叛、厌学，而一直处在讲究攀比的家庭中长大的孩子也会有更多的不自信，到头来要么变得好斗，要么自暴自弃。

每个孩子一生下来就已经是他自己了，不是别人的复制品，更不是家长生命的延续，不要把自己的价值观强加在孩子身上，不要强迫孩子去做他不喜欢的事情。每个孩子都有自己的方向，走出属于

自己的人生之道。

人生的终极目标就是找到自己，一个人在多大程度上找到自己、成为自己，就在多大程度上获得了幸福。

父母要能够了解孩子，发现孩子，悦纳孩子，现在很多父母关心的不是自己家的孩子而是别人家的孩子，把别人家的孩子作为标杆，喜欢用自己孩子的短处去比较别人孩子的长处。这样就很痛苦。父母应尊重孩子作为独立存在本身的意义。在亲子关系里，尊重孩子意味着父母需要无条件去接纳孩子，不带任何评价地贴近孩子的内在体验，使孩子感受到被尊重、被理解、被接纳，获得一种自我价值感。

蔡志忠说：这世界多的是爱孩子的父母，少的是理解孩子的父母。

说着，蔡志忠老师为我讲了这样一个故事：

一位学生对智者说："我要成为马克思第二。"

智者说："做你自己。"

另一位学生说："我要成为弗洛伊德第二。"

智者说："做你自己。"

第三位学生对智者说："我要成为爱因斯坦第二。"

智者说："做你自己。"

三位学生齐声说："有为者亦若是，成为他们第二有什么不对？"

智者说："你们都要当别人，让谁来当你？"

"不要随波逐流，不要与人比较，或有好或坏、有用还是无用的判断，认定自己追求的道路，集中于每个当下去使力，这就是禅的修行。"蔡志忠说道。

蔡志忠说："一个人能否成为天才，取决于他这一生有没有做自己最爱的事。"

人生的意义在于究竟做过什么事，可今天的人都太恐慌，生怕自己和别人不一样：

学习成绩比别人差，着急；钱比别人赚得少，更着急……

一个人要是怕和别人不一样，那还怎么可能出类拔萃？

毛毛虫整天除了睡就是吃，为什么它这么幸福？因为它的父母只做对了一件事：把它放对了位置。

生命中最大的智慧就是放对位置。

在蔡志忠的《蒲公英的微笑》中有这样的一段文字：

如果我是一棵蒲公英，

我将自在自得欢愉地享受着生命。

在该开花时开花，

该传播种子时传播种子。

我才不理隔壁那棵雄伟的千年大树，

因为我是花，他是树；

他是他，我是我，

他不是我，我不是他。

蔡志忠说："我很想告诉天下的父母们，要正确地帮助自己的孩子，使他们成为优秀的自己，而不是令孩子成为你们想要他们成为的样子。"

6. 蔡欣怡：爸爸总是要我自己做决定

2011年6月，有媒体采访蔡志忠的女儿蔡欣怡，请她谈谈心目中的父亲。女儿以《父亲，永远的好朋友》为题，这样写道：

爸爸上辈子，一定是我的好朋友。我们俩从来没有不同意见，因为他总是要我自己做决定。

我们的互动实在不像父女：从未拥抱、亲颊，不曾搂肩或牵手过马路。但父女俩总是黏在一起行动，一个眼神、碰碰手臂，总以好朋友的姿态一起尝试各种有趣的活动。

例如我4岁时，被拉去学捏陶土手拉坯；5岁时被带去观摩打桥牌，做最小的桥牌手；学着拿刻刀刻印章。我们还不时到处旅游，他在日本画漫画时，还教我日语，要我打电话到日本酒店给他。

我和爸爸还有一个秘密，我们一起从事最多的活动就是背着妈妈溜到郊外偏僻的地方偷看一栋栋别墅，一起幻想"有一天，我们会搬进去"！

这种父女相处的模式与互动，比起一般家庭，真的很特别。

"好好想一想，将来要做什么？"这是爸爸最常问我的一句话。

他说："没有目标的女孩，以后只能当个家庭主妇。"

我认为当家庭主妇是人生最坏的选择，只好急忙说要成为室内设计师，因为这是以看房为娱乐的我，唯一熟悉的事情。

随着年纪的增长，他问得更急，仿佛我的人生已驶入职业的终点站，再不下车，就来不及了。

我能体会他从小立志成为漫画家的经历对他后来的影响，但我似乎走的是另外一条路，我并没有成为室内设计师，经历了IT、公关、艺术经纪等各种行业，在每个阶段中，才逐渐确立更明确的未来方向。

我任何事都习惯性征询他，从吃什么食物、读什么书、看什么电影，到选学校、买房子、交男友、找工作、买画等重要的问题，却等不到任何答案。我总希望有人引导，他却认为这种类似街头磨炼下的成长才对我有益处。

2000年大学毕业时，我留在旧金山的一家法国计算机公司工作了两年，征询他的意见："到底要去哪里上班？纽约、东京，还是台北？"

记得他还跟我开玩笑说："你的问题是要赶快找一个无辜的男人嫁给他，然后命令他去莫斯科或墨西哥去上班，而你自己爱住哪里就去哪里。"

而后他又补充："一百年前，东方最伟大的都市是上海；一百年后，东方最伟大的都市还是上海。"

我非常感谢这个建议，上海十年工作经验让我学习到很多，并因此找到自己想投身的事业。

14岁那年，我想独自去日本旅游；妈妈是永远的反对者，我转而询问父亲，他没反对，但要我提出"计划表"。

我提出一份每天的行程计划：第一天要去后乐园，第二天去看画展以及喂鸽子，第三天要坐新干线到千叶的迪士尼乐园。他没再说什么，而是手绘一张又一张地图：如何从机场搭巴士？到哪里转车？如何去旅馆？怎样搭 JR 线去后乐园？他还帮我订妥旅馆。

　　这件事让我印象深刻，也让我知道他爱我之深，只是不善于表达。

蔡志忠（左）与女儿蔡欣怡展示所绘的《我的爸爸》

第**2**章

你的孩子不是你的孩子

> 许多父母是以爱的名义去控制孩子：我这么爱你，你怎么可以不按照我所期望的那样做？他们一心要求孩子达成自己的期望，并不关心孩子这么做是不是快乐，或者到底适不适合走他们希望孩子走的那条路。
>
> ——蔡志忠

1. 爱他，为什么不能给他自由？

> 我相信：在每个孩子出生时，父母都曾为这个新降临的生命而欢喜、而期待，甚至不由自主地在心中描摹小婴儿无限的未来……在成长过程中，父母从来不会约束我，希望我这样那样做，告诫我这样不行那样不可。我拥有很大的自由空间，就像一棵自由伸展的小树，在乡下田野间恣意地生根苗壮。
>
> ——蔡志忠

爱他，为什么不能给他自由？

人民网的一项调查显示，92%的家长承认自己有对孩子成长、教

育方面的焦虑，98% 的人认为身边有其他家长存在焦虑现象。63% 的家长焦虑表现在控制孩子的休息、娱乐时间，46% 的家长替孩子选择兴趣爱好和强迫孩子做不乐意做的事，47% 的家长为孩子放弃自己的生活。

"无论如何给孩子一点自由时间。他们不是机器，课程排满时间表，下课的时间又是无休止的作业，父母从来不给孩子自由支配的时间。将来却要说，你怎么没有独立的思想。连胡思乱想的时间都没有，哪来独立的思想。"蔡志忠一边摇头，一边叹息。

一般来说，孩子在决定做什么事情前，必须要跟父母商量。可在蔡志忠的家里，做任何事情都无须向家长请示。"在我们家是生而自由，这句话是我从父母那里切身感受到的。我在女儿蔡欣怡的婚礼上，以父亲身份发言时，也跟她和女婿这样讲过。"

接下来，蔡志忠为我讲述了自己自由的童年生活。

在台湾乡下，蔡志忠度过了人生的头十五年。他的家庭很普通，但父母却以出奇包容的态度、放任自由的作风给了他伸展呼吸的空间。而正是这个毫不起眼的家庭，铸造了蔡志忠后来非凡的成就。

蔡志忠说自己从来就是生而为"主"，自己做自己的主人，从小就决定自己的人生之路。15 岁时离开彰化，孤身一人去台北闯荡，他没有征求父母的意见，只是告诉他们自己的决定，他说自己的童年就像一棵自由伸展的小树，而这也成为他日后成长的重要营养。

1948 年 2 月 2 日，也就是第二次世界大战结束后第三年，蔡志忠出生于中国台湾彰化县花坛乡，花坛乡有一棵很高很大的茄冬树，所以花坛又称为茄冬下，蔡志忠称自己是"茄冬下的男孩"。

　　花坛地理环境十分特别，漫山遍野都是红色土壤，没有半块石头掺杂。这种土质最适合制砖，所以烧窑制砖的人家特别多，台湾岛内大概一半以上的红砖都由这里生产。错落在青峦之间的红褐高耸的烟囱也成为花坛特殊的景观。蔡家属于三家春，这是个百余户的中型村落，民风淳朴亲切。

　　那时，岛内经济条件普遍不好，生活物资匮乏。最穷的是没有田地的人家，只好四处为人打零工来求得暂时的温饱。家境好一些的人家，则拥有旱田或山地。旱田可以种花生、甘薯等副食品，山地原本就杂生了果树，果实成熟后可以去采收，有龙眼、橄榄之类。拥有水田的人家是景况最好的，毕竟那时的人们以大米为主食，好米换钱，质量差一些的留下来自家食用，至少解决了吃饭问题。蔡家的环境不算宽裕——但因为蔡爸爸在公家单位工作，每个月除了有一笔固定的收入外，还有块旱田，种点甘薯、花生，补充食物的不足，生活还算过得去。

　　蔡志忠的父母一共生了 11 个孩子，由于"二战"时期物资匮乏，缺医少药，加上岛内当时流行霍乱、疟疾，孩子感染，几乎没有生存的可能。在他出生以前，家里已经夭折了四个哥哥、

两个姐姐。

小时候的蔡志忠常听父亲说，母亲极力避免到山丘墓园，每逢清明扫墓时，母亲都会在墓园哭一个下午不肯回来。眼睁睁地看着六个经由她十月怀胎一朝分娩的亲生骨肉离她而去，每一个都曾吃过她的奶，依偎在她的怀里撒娇……

如此六次重大的人生打击对于一个母亲意味着什么，这恐怕是普通人难以想象的。

蔡志忠曾在他的自传《天才与巨匠》中这样写道：

我相信：在每个孩子出生时，父母都曾为这个新降临的生命而欢喜、而期待，甚至不由自主地在心中描摹小婴儿的无限未来……然而在那医药缺乏的时代，又偏处乡下，原本这六个小生命应像田间初抽的嫩秧，继续成长，由新绿而成饱满的金黄；可是他们却被猖獗的病魔硬生生拔断生命之茎，使得播种者只能徒然悲叹、无可期待。在一重又一重的打击后，到我踏上人生舞台时，父母已不妄想我扮演最伟大的角色，有最多的戏份发挥，他们只求我能够无灾无事地长大，继续驻留于人生舞台。这是我的幸运——在成长过程中，父母从来不会约束我，希望我这样那样做，告诫我这样不行那样不可。我拥有很大的自由空间，就像一棵自由伸展的小树，在乡下田野间恣意地生根茁壮。

在那时的乡下，几乎家家户户都一样，每个小孩生下来就是家里的一分子，生而为主，每个人要为自己的行为负责，不需要受大人管教。每年中秋节前都有人送月饼，小时候的蔡志忠每天回到家就去看书柜里有没有月饼。"终于有一天有一盒月饼，我一定先吃两个；第二天要上学，我又带了两个走，下课回来再把最后两个吃掉。这样十几年，从来没有人问过我：'这个月饼是你吃的吗？'"

5 岁时蔡志忠想要去彰化看电影，于是他就告诉爸爸"我要去彰化看电影"，而不是问可不可以。当然，他非常清楚自己的任务就是一定要赶上白天最后一班车，在天黑以前赶回家。

平常村里的孩子们都在外面玩，中午蔡妈妈煮完饭就会站在晒谷场边上喊"回家吃饭喽"，然后把餐桌菜饭用竹罩盖好，孩子什么时候想吃，打开竹罩自己吃，吃完自己洗碗。

小时候的蔡志忠非常贪玩，没玩够就不回家。

他经过四伯的小商店时，四伯着急地说："你还不回家？肯定要被处罚，你妈妈半个钟头前就喊你回家吃饭了！"

他说了一声"哦"，继续玩。

玩到十字路口，邻居看到他又说："哎呀，你怎么还没有回家？这下你糟糕了，你妈妈一个钟头前就叫你回家吃饭，你还在玩？"

他说了一句"哦"，又继续玩。

一会儿玩到了隔壁邻居家，邻居阿婶说："哇，你糟糕了，你妈妈一两个钟头前就叫你回家吃饭了，你怎么还不回去？"

他又说了一句"哦"，没有显示出丝毫的担心与紧迫。

直到真的玩够了，他回到家，把竹罩打开，吃完饭再盖好。就这样，他从来没有一次因为回家太晚吃饭而遭受过母亲的责骂。

蔡志忠说自己的生日很特别，尽管"当日风和日丽，天空毫无异象"，但两年前的同一天，蔡家出生了一个女儿蔡丽华，很可惜几个月后便夭折了。蔡志忠说自己大概还附带替姐姐在世上活一次的使命。

蔡志忠一生专注的领域非常多，除了漫画、动画、佛学、禅宗、道家思想、中国智慧起源等，还研究物理、数学，精通桥牌、镏金铜佛收藏等，他说自己活出了普通人几乎十辈子的人生，就像替没机会长大夭折的兄姐们活出他们的一生一样。

2. 你的孩子不是你的孩子

> 让孩子成为最好的自己，而不是成为最好的孩子。
>
> 因为你是你，孩子是孩子。你的孩子不是你的孩子。
>
> ——蔡志忠

　　黎巴嫩的"文坛骄子"纪伯伦是蔡志忠最喜欢的作家之一，纪伯伦在《先知》中的《论孩子》也几乎成为蔡志忠家庭教育的核心观点：

你们的孩子，都不是你们的孩子，

乃是生命为自己所渴望的儿女。

他们是借你们而来，却不是从你们而来，

他们虽和你们同在，却不属于你们。

你们可以给他们以爱，却不可给他们以思想，

因为他们有自己的思想。

在蔡志忠看来，很多亲子关系的悲剧，都是不平等关系造成的。父母和孩子都是独立的个体。你的孩子，不是你的孩子，而是他自己。因为他有属于自己的思想、观念、喜好，他应该用自己的方式，活出自己的精彩。

可是大人的角色，尤其是母亲，很少愿意重视。因为在她们看来，自己是过来人，有权利也有义务去改变孩子的人生。至于孩子愿意与否，就不在考虑范围了。

无论孩子以什么样的理由反对，她们都有一个完美的回答——

这都是为你好。

在这个一切向分数看齐的社会，很多家长为了自己所谓的荣誉和尊严，不顾孩子的天赋和意愿，只要求学习成绩至上。在那里，你的孩子不是你的孩子，只是实现你"成功"的工具。

我曾经在一个偶然的机会下看过一部台湾地区教育题材的电视剧，非常发人深省。

最初我是被它的名字吸引的，这部剧叫作《你的孩子不是你的孩子》。

初看剧名，首先想到的就是纪伯伦那首脍炙人口的诗《论孩子》。该剧的海报让人过目不忘，甚至有点瘆人：那是一个母体中的胎儿，半个脑袋却被一张母亲的脸侵蚀。胎儿的手上还抓着一把沉重的锁……

这部剧一共有五段各自独立的故事，每个故事都有一个病态的家庭、一个病态的母亲，她们深深地爱着自己的孩子，却把比较心和控制欲发挥得淋漓尽致。

《妈妈的遥控器》中，小伟的妈妈为儿子的叛逆苦恼不已，偶然地得到了一个遥控器。从此，开始遥控儿子的人生。只要儿子没有按照自己的想法做，那么他的人生就会无限重复。小伟一度崩溃，选择各种方式自杀，然而掌握着遥控器的妈妈从最开始恐惧到渐渐漠然，她已经习惯用遥控器"救回"儿子。小伟最终妥协，按照妈妈的要求活成了她心中的完美儿子，唯独没有"自我"。

《茉莉的最后一天》中，主人公林茉莉乖巧上进，是大家眼中的学霸。爸爸是大学系主任，妈妈是留美硕士，妹妹活泼可爱，家庭看起来幸福美满。但让所有人预料不到的事情发生了，茉莉突然自杀了。

林妈妈悲恸欲绝，直到一天，她通过一项新科技，在茉莉的意识中看见了自己的模样：为了督促孩子学习，林妈妈在家里安装监控器，随时掌握两个女儿在家中的一举一动。在她看来，自己为了孩子可以牺牲一切；但在女儿看来，妈妈做的一切都是为了她自己的面子。长期的压抑下，茉莉的精神状态最终出了问题。她不敢直接违逆母亲，却用撒谎、偷东西甚至自残来变相反抗。

剧中的每位母亲都用力过度，为孩子规划人生棋局，检视他们的落子方位与下棋节奏。母亲的意志潜入孩子的每一颗棋子之中，让他们心中沉甸甸地难以举棋。剧中的孩子都有着哀伤的灵魂。

该剧导演陈慧翎说："如果你觉得看了不舒服的话，是因为那些都是真实的，那些孩子就是这么不舒服，而且现在可能还有更多孩子一样地不舒服！"

的确如此。看完这部剧，我感到后背一阵阵发凉。虽然现实中的普通父母可能没有剧中母亲的偏激极端和歇斯底里，但扪心自问，是否也有类似操纵孩子人生的想法？是否不自觉地打着"这都是为了你好"的旗号对孩子步步紧逼？

蔡志忠老师曾语重心长地告诫，每个孩子都不是父母的附属品，孩子和我们一样都是独立的个体，需要父母的尊重。他们拥有完整独立的人格，拥有高度的自由选择权，孩子的兴趣爱好，他的理想目标，他的任何一切，都需要父母来理解和接纳，这是父母与孩子平等相处的前提。从来没有一个人能一手安排决定他人的未来，父母们不要以亲情的名义操控孩子的人生。

"让孩子成为最好的自己，而不是成为最好的孩子。因为你是你，孩子是孩子。你的孩子不是你的孩子。"这是蔡志忠最想对父母们说的话。

3. 以爱的名义控制孩子

许多父母是以爱的名义去控制孩子：我这么爱你，你怎么可以不按照我所期望的那样做？

——蔡志忠

蔡志忠说自己跟庄子最像，《庄子》中有一则寓言：

昔者海鸟止于鲁郊，鲁侯御而觞之于庙，奏《九韶》以为乐，具太牢以为膳。鸟乃眩视忧悲，不敢食一脔，不敢饮一杯，三日而死。此以己养养鸟也，非以鸟养养鸟也。

讲的是从前有一只海鸟栖息在鲁国都城的郊外，鲁国国君很喜欢它，认为是神鸟，让人驾车把它迎进宗庙里并向它献酒，演奏《九韶》

作为宴会音乐，安排牛、羊、猪三牲备齐的筵席给它吃。海鸟却头晕目眩，忧愁悲伤，不吃一片肉不喝一口酒，过了三天就死了。

这是用养护自己的方式来喂养鸟，不是用养鸟的方式来养鸟啊！

养鸟就要用鸟的方式，养人就要用人的方式，人和鸟不同，人和人也存在差异。

不仅仅是家长对待孩子，就算是对亲人，对朋友，对爱人，我们也常常犯相同的错误。

自己明明付出了不少，对方却还一万个不领情。于是单方面陷入了悲情的自我感动，仿佛还有一肚子倒不完的苦水。

都是自以为是惹的祸。

蔡老师说到这里，让我不禁想起一个朋友的真实经历：

我有个朋友叫小雅，性格独立，敢想敢干敢拼。在大家看来，她的优秀跟她的高知家庭有很大关系。

"才不是！"小雅说自己的童年更像是一部恐怖片，"父母从来没有考虑过我擅长什么、喜欢什么，他们甚至不了解我是个什么样的人，我想要成为什么样的人……他们只想把我打造成他们理想中的孩子——刻苦、刻板、按部就班，就像生产线生产出来的一样。我无须喜欢什么，只要一门心思学习就好。"

小雅的性格更像个男孩，她爱冒险，很会玩，有主意和想法。而她的妈妈却是一位非常传统的女性，她希望女儿考大学去读图书馆专业，毕业后安安静静地做个图书管理员，或者去女子大学读书，以后去妇联这样的单位工作。这对于一个天生向往自由、不拘一格的女孩来说，简直是天壤之别的人生。

"我是一只鸟，我爸妈却非要让我去河里游……"

"从小我的一言一行，父母都要控制。但是他们不让我干的，我一样也没少干，只是不告诉他们罢了。渐渐地，我关上了与父母之间的那扇门。"

"他们总要干涉我的生活，难道孩子的意愿就这么不被家长当回事吗？"

她告诫为人父母的我："要把孩子当成有人生自由的人，不能是囚犯。父母如果不能改变自己的心，那么改变的就只能是他们和孩子的距离。"

"爱"是易碎品，用力过猛容易酿成悲剧。

无论是哪一种爱，千万不要用一句"都是为你好"来做借口。在拼命付出之前，考虑对方的感受才是当务之急。

蔡志忠说，披着爱的外衣的占有和控制，是成人按照自己的意志去管制孩子。这样做，剥夺了孩子的独立性，其背后的心理基础是恐惧和不信任。剥夺了孩子亲身体验生活的权利，迫使孩子失去了很多生活能力，这就是为什么很多孩子会出现比如没主见、窝里横、没有同理心等诸多问题。

在蔡志忠看来，生命是孩子自己的，他成为什么样子都应该由他们自己负责。

导演陈慧翎在接受采访的时候说："一个女性成为一个母亲之后，她就有了牺牲奉献的心情，她很容易就变成会对别人情绪勒索的那个人：我为你牺牲了这么多，为什么你就不能拿一些东西来回报我呢？

尊重孩子，把孩子当作一个个体，这件事情是理所当然的。大家都说，我们要当孩子最好的朋友，可是并没有。"

"一个人长大之后，会变成什么样的人，这件事情真的没有标准答案。最重要的是在于爸爸妈妈本身——你有没有观察人的能力，你有没有看到你小孩的本质是什么。可是我觉得很可惜的事情是，这些爸爸妈妈，可能都不知道自己的本质是什么。"

在蔡志忠看来，在中国传统的家庭观念中，父母习惯于发号施令，孩子只能服从。如果父母深受这种价值观的影响，就容易搬出父母的权威去压迫小孩，要求孩子绝对服从。很少有人会把孩子当成一个独立的个体，更不会重视孩子的想法和意愿。

强调权威又不懂放手的父母，无论什么事都冲在孩子前面，全部包办又总是挑剔孩子的自理能力差，不顾实际情况，一味要求孩子按自己的意愿成长，结果不是导致孩子丧失独立能力，缺少自我意识，就是在自己和孩子中间竖了一道墙。

无论哪种结果，都不是父母最初的意愿，更不是父母想看到的结局。

尊重孩子的意愿，把每个孩子都当成独立的个体，亲子关系会更融洽。

陈慧翎的爸爸是蓝领工人，妈妈是家庭主妇，他们都非常地开明。之所以开明，有可能是他们无能为力。她小时候的家庭教育就是——"放牛吃草"（放养式教育）。她很喜欢看漫画、看电视，爸爸妈妈从来不会阻拦她去看，她也因此在很早的时候就知道自己喜欢做什么。

其实，绝大部分父母都深爱着自己的孩子，但如果父母选择了错误的方式，对孩子的"爱"用力过猛，就只会和孩子距离越来越远。不要以爱为名，把自己和孩子困在"成绩至上"的牢笼里。父母要做的是不断调整和改变爱的方式，所谓父母子女一场，最好的状态是相互成就。

从古至今，大概没有哪一代父母像今天的父母一样如此焦虑。从教育理念、育儿方法到亲子关系都受到了前所未有的挑战。孩子们每天奔波于各种辅导班，时间被家长填满，却失去了自己的目标。

孩子因父母来到这个世界上，所以就属于父母吗？

"身体发肤，受之父母，不敢毁伤，孝之始也。立身行道，扬名于后世，以显父母，孝之终也。"这是《孝经》里的表述，因此在中国历史上很长一段时间里，人们认为，既然父母给予了孩子生命，那么要求孩子百分之百地顺从都是理所应当的，更别提打骂、责罚了。

与此同时，中国父母对孩子的付出恐怕也是别的国家没法比的，生活上节衣缩食，却不惜重金给孩子报价格高昂的辅导班，牺牲所有的休息时间给孩子"陪伴"，孩子成年了还要帮他们找工作、相亲、买房子、带孩子……

但是这种无底线的付出似乎并不是不求回报的，很多父母对孩子的期许也常常令人生畏：学习上要超过其他孩子，为父母"争面子"；工作上要替父母完成没有实现的梦想；就连找对象也不能比别人家的差……

"我为你牺牲这么多，你就该听我的，一切都是为你好。"基于这种逻辑，孩子就要去家长为他选的学校，下课了就去参加家长为他选的课外班，他应该听从家长的建议选择"有前途"的专业……

许多的矛盾与不幸就从这里开始了。以爱的名义包办一切，孩子就失去了成长的内在动力和负责任的能力。以爱的名义如影随形，就剥夺了孩子的空间，让他们在父母的聚焦中喘不过气来。这种内心的压抑与痛苦不仅是一种悲哀，也产生了怨恨和疏离，伤害了亲子关系。

孩子借由我们来到这个世界，但他们不属于我们，而属于他们自己，属于这个世界。为人父母的责任不是借由孩子让自己脸面有光，而是帮助他们完善自我，学习选择，学习为自己的决定和行为负责任，甚至给予他们犯错误的权利。

"因爱之名，因父之名，太多的父母打着这个旗号伤害了孩子。"蔡志忠不止一次说过，"做父母的从来只站在自己的角度去考虑问题，父母们什么时候才能清醒一下？"

抱得太紧的爱，就是另一种伤害。

蔡志忠说："许多父母是以爱的名义去控制孩子：我这么爱你，你怎么可以不按照我所期望的那样做？如今有太多父母犯了这样的错误，把孩子当成自己的附属品，一旦孩子违逆自己的意愿，就拿这个来压制孩子！他们一心要求孩子达到自己的期望，并不关心孩子这么做是不是快乐，或者到底适不适合走他们希望孩子走的那条路。所以，帮助孩子不仅是帮助他们激活认识外在世界的想象力，更重要的是帮助他们认识自己。"

4. 今天的父母没有能力为明天造屋

孩子住在明天的屋子，今天的父母没有能力为明天造屋。

——蔡志忠

"父母之爱子，则为之计深远。不管目的地是哪里，孩子若没有过硬的本领，怎么能到达目的地呢？"我曾经不解地问过蔡老师这样一个问题。

蔡志忠说："那你是怎样判断什么才是将来过硬的本领呢？就像我父亲，他只是个农民，和世代务农的祖辈一样，他该如何去教导一个要到台北画漫画的小孩？他能教给我的，是跌倒要自己爬起来、自我承担的独立与再接再厉的勇气。"

蔡志忠的女儿蔡欣怡小时候常跟爸爸在一起，他说："因为我很独立又不太爱讲话，女儿也跟我很像，独立自信得超乎寻常。"

女儿两三岁的时候，有天晚上蔡志忠开车带她出去吃饭，回到家他先打开靠人行道的车门，让女儿先下车，随后回到车里，这时候女儿从车后绕到马路这边来找爸爸，刚好一辆大卡车高速驶来，伴着一阵呼啸而过的风，差点把女儿卷进去，吓得蔡志忠出了一身冷汗。

惊魂未定的蔡志忠当即决定要教女儿过马路，于是他领着女儿来到十字路口，要她从斑马线一个人过马路。

女儿当时一下子愣住了，过了半天她不解地问："我一个人过马路？"

"当然！"他坚定地说道。

只见女儿左顾右盼、小心谨慎，看到两边没有车，飞快地跑过马路。接着蔡志忠又要女儿从马路对面回来，她又如法炮制，跑了回来。

从此蔡志忠只要跟女儿一起上街、过马路，一定不会再牵着女儿的手，"从那时起，如

何过马路，如何躲避路面高速行驶的车子便是她的事"。

"我们无法照顾子女一辈子，所以尽早教他们独立自处。"蔡志忠说道。

蔡欣怡上小学时，每天7点半必须到教室。蔡志忠要在6点40分把她叫醒，洗漱、吃早餐，7点20分一定要坐到车上，这样才能保证不迟到。"6点40分，我叫她，叫了3次她不起来，我就不叫了。我泡咖啡、洗澡、吃早餐，不再管她。到了7点20分，她终于醒了，一看时间就嚷嚷：'完了！完了！'这时我就不疼不痒地说：'是你自己的原因哦。'"虽然蔡欣怡迟到受到老师的惩罚，但他要让女儿知道，自己的行为自己要负责。

作为父母亲的我们，不要误认为自己人生阅历丰富，强要孩子依照父母的观念去行动。孩子是要生活于更严苛的未来，今天的观念怎么能应付未知的未来？

曾经听说过北京有这样的家长，家里拆迁给孩子准备了十几套房子：一套是用来上国际学校的，一套是用来出国留学的，一套是用来毕业后买房的，一套是作为创业基金的，一套是用来结婚的，还有一套是用来养老的……他们认为有了这些，心里就足够踏实了吧。但是这能保证孩子一生幸福吗？

秦始皇堪称"中国最牛的爸爸"之一吧，他统一了六国，给儿子留下了一个泱泱帝国，幻想自己的儿子、孙子成为二世、三世、四世……世世代代。可实际上呢？秦二世胡亥登基才三年，秦朝就灭亡了。

父母想一手包办孩子的未来，留数套房子也好，留整个天下也罢，都无法保证孩子一生幸福无忧。

那么父母该什么时候放手?

蔡志忠回答:"在他能站起来时,放手让他自己走。有思考能力时,让他自己决定事情。"

蔡志忠说:"我们会因为父母放手让我们自己做什么,而感谢他们;因为不让我们做什么,而恨他们一样。"

对于去美国留学的女儿,从没有出国留学过的蔡志忠又该如何指导她呢?

"父亲的无为而治,让我有机会选择自己最喜欢最拿手的漫画作为职业,完成梦想。我也将这一理念传给我的后代。"蔡志忠说道,"我跟我父亲一样,所能教导她的就是判断是非、独立思考的能力和勇于做自己、失败了擦干眼泪再站起来的超凡自信。"

女儿12岁的时候,蔡志忠夫妇带着她移民加拿大。但一直在台湾生活的蔡志忠,根本适应不了加拿大的生活环境。不到一个月,他就让太太和女儿留在异国他乡,自己一个人跑回了台湾。

女儿14岁时,突然从加拿大打来电话,告诉蔡志忠她想要自己一个人去日本旅行。

"我问她,有同伴吗?她回答说没有。我又问,有朋友接应吗?她还是回答说没有。我想了想说,既然你已经决定了,那就开路吧。她问我,你真的是举双手赞成吗?我说,是啊,不信你来看吧,真的是两只手都举着的。在我们家,少数服从多数,虽然妈妈反对,但两票对一票,通过!"

于是,蔡欣怡背上背包,登上了飞往日本的班机,只有妈妈送别时落了一地的眼泪。

"女儿从温哥华出发，自己坐飞机到日本东京，自己住酒店，自己坐新干线去迪士尼乐园玩。然后去东京、浅草、日比谷，一个礼拜后再到台湾，然后再到香港。我在香港打（桥牌）亚洲杯，然后回到台湾，再回到温哥华。我唯一做的就是替她订了日本的酒店，其他的都是她自己安排。"

两个星期后，蔡欣怡平安地回家。从此她就变得非常果敢。

在培养女儿的独立性方面，蔡志忠更是极端："她9岁就已经周游台湾岛，十多岁就游历了半个世界。"

有人说："那是因为那个时候绑架没那么猖獗啊！"

"哪里，女儿出发前，我曾经对她说：'如果你被绑架，就叫绑匪到家里拿50万，不过你自己要出3万。'我知道她有个储蓄罐，里面正好是3万块。她出门的时候就总惦记着自己的3万块，所以任何人来搭腔都不会理睬啦。"

"如果绑匪要500万呢？"女儿问道。

"那你就告诉绑匪想都别想，因为再生一个更便宜！"蔡志忠开玩笑说。

除了对女儿放手，蔡志忠还注重培养她的责任感。蔡欣怡从小喜欢动物，每次去逛宠物店，都要磨蹭到人家打烊。蔡志忠不轻易给女儿买宠物，因为他觉得对待宠物要有百分百的责任和爱心。在决定给女儿买宠物前，他会正告她："没问题，我可以买给你，但你要当一个好妈妈，好好照顾它们。"女儿答应后，他才掏钱。

5.毁掉孩子最好的方法，就是包办一切

包办孩子的一切，到头来他们会成为精致的利己主义者。

——蔡志忠

在蔡志忠看来，毁掉孩子最好的方法，就是包办一切。包括他的衣食住行，他的学习，甚至他的思想。而这样的孩子到头来会变得极度自私、自我。

每个孩子都有体验世界的权利，都有成为自己的权利，他的路应该自己走，父母不能越俎代庖，取而代之。

可是现实情况是，现在的父母已经不只是紧盯孩子的"直升机父母"（就像直升机一样盘旋在孩子的上空，时时刻刻监控孩子的一举一动），更有甚者成为"扫雪机父母"（为孩子铲除一切障碍，好让孩子不必经历任何失败）。

直升机父母分很多种类，有的在生活上过度操心，有的在学习上过度干预，有的在人身安全方面过度关注，还有的在食品安全和营养方面过度保护……

麦德林·雷文博士是美国心理学家，著有《教好你的小孩：为什么价值和应对技巧比成绩、奖杯和大学录取通知书重要》一书。她说："很多家长希望自己的孩子拥有最好的，处在最好的环境，并在每个方面占优势，

但丝毫不了解这样做对孩子有多大害处。"雷文说，在实际经验中，她经常看到名校新生们，下课后不回宿舍而是回家，因为他们连在大学里生活最基本的技能都没有。有人回家是因为宿舍里出现一只老鼠，有人是因为不喜欢室友，也有人嫌作业太多，而这些人从未独立学习过。还有一个女生是因为不喜欢蘸有调味料的食物，从小父母不让她吃调味料，但大学自助餐厅里每一样食物都有蘸料，让她不知如何是好。

《如何养出一个成年人：拒绝过度教养的陷阱，让孩子迈向成功》的作者朱莉·里斯科特·海姆斯，曾任斯坦福大学新生辅导主任。她说，曾看到斯坦福的学生要父母代为联系，才能跟同寝室友相约出游，也有学生实习结束后未能转为正职，请父母向雇主抱怨。这些现象的根本原因是，父母从不让孩子犯错或面对挑战。她表示："关键是让孩子准备好上路，而不是准备好道路给孩子走。"

不久前，《纽约时报》曾针对美国18至28岁青年的家长做了一项民意调查，结果显示，75%的家长曾帮成年孩子预约看医生或做头发等，也有75%的家长曾提醒成年孩子注意学校各项作业期限，11%的家长

曾代替孩子向雇主反映问题。孩子正在大专院校就读的家长中，有16%曾打电话或发信息叫孩子起床，以免上课或考试迟到；有8%曾跟孩子的大学教授或行政人员联络，讨论孩子的分数等问题。

中国更是个"'直升机父母'的超级大国"。尤其是近些年，社会普遍对教育的焦虑，让许多父母从

孩子出生开始就毅然担当起儿女的终生保姆和人生规划师——幼儿园受欺负，爸妈要找老师兴师问罪；小学组织打扫卫生，父母会跑来帮忙擦玻璃……孩子稍微大一点了也总不放心，担心早恋，害怕学坏；就连上了大学也要全家总动员，背着行李和孩子一起去学校报到。更有趣的是，孩子大学毕业，应聘面试的时候，父母还站在后面替他回答问话。

"直升机父母"的过度保护，使孩子失去自由成长的空间，不利于其独立性和社会性的培养。有了这样的"专机"，孩子用脚自己走的路变少了。久而久之，步入社会后变得难以适应。如果仅仅担心孩子迟到就动用"直升机"，那么当孩子长大成人后，面对社会上各种无法预料的艰难险阻，他们又该如何应对和立足呢？

"焦虑地守在孩子身边、监视孩子一举一动的直升机父母已经过时了。如今一些富有的家长更像是扫雪机一样披荆斩棘，轰隆隆地扫除孩子通往成功路上的所有障碍，让孩子不必遭受失败、挫折或丧失机会。"

包办型父母在我们身边并不少见。孩子学习自己吃饭的时候，看着孩子把饭撒得哪儿都是，妈妈说"还是喂吧"。早晨起床，孩子自己穿衣服太慢了，妈妈说："快点，妈妈帮你穿，不然迟到了。"上小学了，孩子不会整理书包，妈妈说："来吧，妈妈给你整理。"……就这样，家长一点点地剥夺了孩子学习成长的机会。妈妈仍然说，没关系，长大了就都会了。

很多家长认为只要从小帮助孩子做对每一件事，让孩子少受罪，那么孩子就一定能够走上一条通天大道，最终获得一个稳定并安全的世界。

其实，无论是"直升机父母"还是"扫雪机父母"，共同的特点就是，他们幻想可以控制孩子，控制孩子的生活，认为生活如同一个棋盘，可以预测，安排好所有事情就会保证他们将来得到稳定和舒适的生活，而实际情况却是问题百出。

从心理层面来说，父母对于孩子的控制欲，缘于父母的不自信。

因为害怕孩子受伤，"直升机父母""扫雪机父母"总想通过自己的控制让孩子走在他们认为安全的路上。

他们会给孩子定下各种规矩：你不准干这个，不准干那个……并美其名曰："爸爸妈妈都是为了你好。"

父母以"为孩子好"为名，限制孩子的行为，从没想过孩子也有自己的主张，从没想过长期控制孩子，很容易把父母和孩子导向日后无休止的"较劲模式"。

控制欲还缘于父母的焦虑。

此前，一则"学霸爸爸逼10岁女儿每天写4篇作文，写不完别睡！妈妈崩溃报警"的新闻上了热搜。

这个爸爸是浙江大学的学霸，年轻时学习成绩很优秀，希望女儿和自己一样成为学霸。

于是，他给女儿布置了一项作业，就是每天要写四篇有质量的作文。而这个作业量对于10岁的女儿来说备感吃力，作业经常写到凌晨一两点钟，但如果孩子不能完成作业，爸爸就不让孩子睡觉，甚至体罚孩子。

作为家长，我们容易因过去的失败、现状的不顺以及未来的迷茫，而产生各种焦虑。我们悔恨自己当初没有好好努力；我们设想当初如果不这样，就不会那样……而最后焦虑和悔恨的结果是：我们总想控制孩子，重启自己的人生，我们一边说"为了孩子好"，实际上是"想让孩子过我们想要的人生"。

很多时候，因为我们无法过上自己想要的生活，所以希望孩子可以过上我们想要的生活。当孩子反抗时，我们习惯用父母的权威操控孩子。但我们从来没想过，我们安排给孩子的人生，是孩子想要的人生吗？只有我们安排的人生才能让孩子有成就吗？

作为孩子，最悲哀的是：既厌恶父母设计的人生，又害怕走错路辜负了父母的期望。

蔡志忠说："一定要意识到你和孩子是完全独立的两个人，你们之间是平等的。孩子不是父母的下属，父母必须尊重孩子的自主选择，不要再持有'我的想法就是对的，不同意我的就是错的。我是为你好，不按我的来就是错的'这样的思维模式，不要在任何事情上把自己的想法强加给孩子。"

6. 有控制就有伤害

蔡志忠认为，任何关系中，有控制就会有伤害，亲子关系中尤其如此。

很多家长出于对孩子的关心，全面介入孩子的生活。出发点是好的，结果却很糟糕。因为每一次介入，父母在意的是自己的意见有没有被采纳，自己提供的帮助有没有被接受，却不在意孩子想不想采纳，愿不愿接受。比如妈妈感觉天气很冷，觉得孩子应该多加些衣服，但孩子不想加，于是冲突便发生了。加不加衣服到底是谁的事，是孩子的还是你的？如果你认为是孩子的，就仅限于提醒，而不要强求。你当然可以说，孩子不懂得天冷需要加衣服，必须要你来强行给他加上。

如果你认为一个中学生还不懂得冷不冷，那么你不仅无视他的个人需求，还侮辱了他的智商。

有一件小事至今让我记忆深刻，那是女儿六七岁的时候，有一天我俩一起洗澡。"好烫啊！"女儿尖叫一声。我把花洒对准自己："太夸张了吧？这水一点也不烫啊，多么舒服的温度！"

这时，女儿认真地说："妈妈，你的感觉和我的感觉不一样！你不是我，你怎么知道这水对我来说烫不烫？"

女儿的严肃劲儿让我愣了一会儿，突然觉得她说得很有道理。即使是对同一样东西，每个人的感知程度也是不一样的。对同样的水温，我觉得很舒服，可是对女儿娇嫩的皮肤来说，却是难以承受的温度。我不能用自己的感觉代替孩子的感觉，同样更不能用自己的想法压制孩子的想法。

很多父母真正在意的不是孩子的需要，而是自己的需要。与其说他们关心孩子，不如说他们最关心自己的想法是否得到落实，是否得到回报。为了达成这个目的，他们经常用强迫和打骂的方式逼孩子接受自己的控制。

在一节亲子课堂上，我听一个高三的女生讲了这样一段话。她说：我来到这个世界上，物质上从来没有缺过，从出生就有自己的房间。

想要什么，不需要开口就能得到。父母很爱我，我也很爱他们。我能感觉到他们对我有很高的期望，我理应满足他们的期望，我太想满足他们的期望，可是我做不到，我不要做。我是爱他们，没有问题，可是我又要满足他们却做不到，你说我该怎么办？当然还有一个办法，我不活，我死掉。可是我死掉了，他们怎么办呢？那也就是说我连这个也不行。

多少父母听到这些话不寒而栗，但她的话却在同龄人中引发了共鸣。

当父母为孩子付出了时间、金钱、精力等所有的一切，自然而然地希望从孩子身上得到回报，所以他们会对孩子提出各种要求、各种期望。

家长很难理解孩子，当孩子背负着情感的同时，又背负着给予人情感的期望。

然而做父母的并不会意识到这一点，所以当你要求孩子达到你的期望的时候，很多时候得到的是孩子的反抗。孩子有他自己的人生道路，不要总是试图给他规划好人生路线。

在蔡志忠看来，如果利用孩子对父母的感情和对成人的敬畏来绑架他们，逼他们就范，结果是，父母越是事无巨细地"关心"孩子，越是对孩子的世界形成入侵，对他的心理和精神进行毫不节制的打扰。父母感觉自己是富有责任感的父母，但孩子感觉到的是控制，是不爱。在孩子眼里父母已然成了强盗一般的人，他们必须时时提防父母，事事抵抗父母。

有这样一个故事，讲的是一个优渥体面的日本中产家庭，爸爸是日本早稻田大学毕业的高才生，是大公司的部长；妈妈毕业于名牌大学，婚后在家相夫教子。一对儿女，大女儿毕业于著名的女子大学，眉宇间露着锋芒和野心。小儿子善良帅气，却成了家庭的"异类"——不努力，没目标。尽管被送去好学校，上很贵的培优班，但对学习不感兴趣的他高中就辍学了。

儿子认真地告诉母亲，自己不想做别人眼里的成功人士，只想当个平凡的打工仔。从此开始了在咖啡厅的打工生涯。他在网上认识了一个来自冲绳岛的女孩：长得丑，没学历，一直在打零工。没多久，两人同居了，还准备结婚。

父母终于怒而掀桌了。冲绳女为了自尊，扬言要考医科大学。于是，一对年轻人开始为了幸福的人生而努力。儿子虽然不学习，但他努力帮助冲绳女孩，创造好的学习环境。

同时，女儿大学快毕业了。她并不想找工作，而是一心想找个社会精英当丈夫，从此过上阔太太的生活。她周旋在各种联谊会上，费尽心思，终于找到了自己中意的金融精英丈夫，成了她理想的万众瞩目的明星。

冲绳女孩终于考上了医科大学。不料，儿子提出了分手。他说，他不喜欢努力和成功，和现在已经"成功"了的冲绳女孩一起，会有压力。儿子后来失业交不起房租，只好搬回家。

女儿这边，费尽心思嫁的精英老公却因为巨大的工作压力得了抑郁症，工作丢了，回到老家休养。自私的女儿不愿去乡下，带着孩子狠心地回了娘家。

折腾了那么久，一家四口居然以这种无比尴尬的方式再次团聚……

最后，爸爸和妈妈展开了一次深刻的对话，一切的痛苦得到了释怀：

爸爸说："我一直认为他（儿子）会自己想明白，然后奋发努力。可是我最近想通了，也许他一辈子都不会明白，更不会奋起努力。"

妈妈说："那他一辈子都做打工仔吗？一辈子都不找一个正当的职业吗？"

爸爸说："他肯定会问，什么样的工作才是正当职业？这就是他跟我们不一样的地方。"

妈妈说："你是说，要放弃他吗？"

爸爸说："与其说是放弃，不如说是守护。我们的思维方式也必须有所转变。"

这个故事来自日本的畅销小说《平民之宴》。

寥寥几笔，只能勾勒一个大概。其中蕴含着百般滋味，有作为母亲教育不好儿子的挫败，有年轻人打工的辛苦，有心机女功利的婚姻，有可爱女孩不懈的努力，还有不可逾越的阶层鸿沟……

这本书在日本销量破千万，因为它所写的社会现状直击人心，描绘出中产阶级所承受的心理压力和无尽的焦虑。而这些也与中国现阶段的社会氛围有很多相似之处，我们仿佛也看到了一些中国家庭的影子。不少看过《平民之宴》的家长们认为，这部小说触痛了在教育上兢兢业业却走入死胡同的家长们。

蔡志忠想告诉所有的父母：

放过孩子，也放过自己，相信他们不需要我们控制，也能拥有美好的人生。

7. 生命最好的"肥料"——爱与自由

　　德国心理治疗大师海灵格说："幸福的家庭，都有一个共同点：家里没有控制欲很强的人。"

　　我曾采访过一位从事教育三十多年的老师，她跟女儿曾经一度较劲，后来不断反思，用了很长时间修复亲子关系。她由衷地跟我说：在道德和安全的底线之上，父母应该让孩子做一切他喜欢做的事。唯有如此，孩子才能成为拥有独立思想的人，并有能力找到属于自己的生活之路。在家庭成员之间，"'纵容'是更理想的相处模式。孩子是不会被'惯'坏的，一个人的生命受到的阻碍越少，越能活出自我，就越能成长得更健康"。

　　我的一位朋友阿岚被认为是公认的"成功妈妈"，原因是她有一个"学霸女儿"。我们在一起经常探讨孩子的教育话题，有一次阿岚跟我讲起她女儿小时候的事情，她说女儿并不像大家想象的"学霸孩子"那样对自己有着严格的要求，相反，她非常爱玩，也经常偷懒。作为母亲，阿岚没有过多干预。比如放学回家，女儿经常是先玩够了，再考虑作业的事。放寒暑假时也一样，整个假期都在玩，几乎是到开学只剩两三天了，才想起来假期作业这回事，然后急得上蹿下跳，有好几次是由妈妈陪着一起做才完成。

阿岚说，作为妈妈，她并不会因为这些事情而替孩子着急，而恰恰是她的无为，使得女儿学会了对自己的事情负责任。阿岚告诉我："我能够对她提供的最大帮助，就是让她没有太大的心理负担，她很清楚无论自己怎样都是被父母接纳的，所以她的心思和精力不被分散，全部放在自我成长上。"

孩子的成长并不完全依赖父母的精细调控，正因为信任每个生命都是独立的，所以才可以放手。

每每被问到培养孩子的经验，阿岚总是说，她没有用各种小事压抑她，所以孩子成长得很健康，而且随着自己的成长，慢慢自我调节，还纠正了很多自己的错误。而这让自己体会到给孩子自由的价值，它不仅在一碗饭、一本书、一次作业等眼前的细节上，更在对一个生命久远的呵护上。

现在教育中关于自由的分寸或如何放手的分歧，背后的心理基础就是信任或不信任人性的本能。如果一个人坚信每个孩子都是完美独立的个体，坚信在这个孩子的内部，早已具备了"成为他自己"的所有要素，就像一颗麦粒具备了所有成为一头麦穗的要素一样，那么他就会完全安心于去做最简单的浇水锄草工作，而不会精细安排这粒种子何时出苗，何时开花，更不用担心它会长成一株野草。

给孩子"出手施肥"是很好的，因为真正的"爱与自由"就是生命最好的"肥料"。每一件具体事务面前，不要控制，要引导；不要太有痕迹，尽量无痕；不要怀疑，要相信；不要插手，要接纳。

检验的标准就是：孩子因此更自觉了，还是更依赖了；你作为家长越来越轻松了，还是越来越脱不了手了。

"你人生的戏要你自己演，我们只是你的观众。我们什么都给不了你，只能给你自由。"在一次教育论坛上，我听到一位演讲嘉宾讲起小时候母亲告诉她的话。自此，她开始了自导自演的人生：6岁开始在家里"创业"做家务，10岁在学校"创业"卖饮料报纸，13岁"领工资"，16岁给自己设计激励机制……

这样非典型的母亲，这样可以自由选择自己道路的孩子，在今天显得尤为珍稀。

自由只有一种，剩下的都是不自由，不自由的程度有各种不同。爱也只有一种，那就是无条件地接纳和支持，有条件的爱不是真正的爱。而我们要给予孩子的，就是真正的"爱与自由"。

蔡志忠告诉我："我从小做什么事情，都是由自己思考判断、下决定，当然后果也是自己负责。"

他的一头长发，就是最好的佐证。1964年，英国著名摇滚乐队披头士（又称甲壳虫乐队）的电影《一夜狂欢》登陆台北。列侬等人的一头长发，如一颗石子投在了蔡志忠的心中，他为此迷恋不已。

蔡志忠此后便留起了长发，但这个前卫的发型在当时普遍注重务实精神的台湾乡下，无疑意味着离经叛道。乡民们不免背地里窃窃私语，嗤之以鼻。

"坏小孩""混太保的"……面对如此的指指点点，蔡志忠微微一笑，随后语气稍稍提高："留长发和我乖不乖关他们什么事，我高兴乐意，谁也管不了。"

他的父母并没有因为乡亲邻里背后的指指点点而对儿子加以干涉。

"自己就是自己的主人，做什么由自己决定，父母是永远的支持，不问为什么。"蔡志忠说，他这个发型一直保持了五十多年，直到现在。

得到父母充分尊重的自由的蔡志忠也是如此教导自己的女儿。

他告诉我："我女儿小时候每次征求我的意见时，我都会告诉她：你有大脑，能自己做决定。"蔡志忠说道，"我认为假如我替她做决定，有一天她或许会后悔。从她两三岁时开始，我就让她自己做选择，让她去尝试。"

在女儿小时候，蔡志忠经常带她去吃自助餐。"我从来不会干涉或引导女儿去吃什么，她每次都会挑冰激凌、甜品这些比较便宜的食物，我并没有说，你吃那些干吗？为什么不专挑海鲜、牛排这些比较贵的吃？"

小到吃自助餐，大到选择哪所大学、交哪个男朋友，蔡志忠从来不会替女儿决定，而是教给她选择的方法，把选择权交到女儿手上。"我认为，如果是你替她决定，她走完这一条路会怀疑当初自己想走的那条路是不是更好。"

"打个比方说，有两个非常优秀的男孩追求女儿，她来征求我的意见，我就跟她讲：'是你嫁又不是我嫁，你要自己做决定。'因为我知道，假如她喜欢 A，而我说她跟 B 比较合适。后来她跟 B 结了婚，无论过得多好，她心里始终会想，也许当初选择 A 会更好。而现在她自己选了 A，我就会说好，即使过得不好，她也不会后悔，毕竟是自己选择的。每个人都要为自己的选择负责。"

蔡志忠说：我常常在想为什么现在的父母不能让孩子适情适性地成长呢？让他们自己发现自己是什么，适合做什么，能够做什么！如果我觉得自己适合做橘子，我的父母不会因为苹果红艳贵重，而要我改做苹果，他们会郑重地告诉我：

"你就好好地做橘子吧！"

"把爱给孩子，却不能给予他们思想，因为他们有自己的思想。因为生命不会倒行，也不会滞留往昔。"这是蔡志忠想对所有家长说的一句话。

第**3**章

母亲就是孩子的寂静彼岸

> 家是人生的第一所学校，妈妈的怀抱，是孩子温暖的教室，妈妈是孩子的第一个老师，也是启蒙孩子最重要的关键。
>
> ——蔡志忠

在蔡志忠的《时间之歌》这本书的扉页上，写着这样一段话：

从我孩提之时，她就背着我于凌晨3点多起床，煮猪食、喂鸡鸭，也因而养成我每天凌晨3点起床的习惯，让我每天都有很长、很长的时间能优雅地思考有关时间的问题。

仅以此书献给我的母亲：蔡余治。

近日，蔡志忠在混沌大学的创新前沿课程《蔡志忠：一生专注美好作品》中做出了回答，在混沌大学里向大家分享了他的人生心法，其中专门有一部分提到了母亲对子女的重

要影响。

"人们常说，每个厉害的人背后，都有一个伟大的妈妈。

"我会成为现在的自己，也是因为我有一个很好的妈妈。我们家通常是不交流的，我一辈子跟我爸爸、哥哥、姐姐、妹妹讲的话很少，但我跟妈妈无话不说。我妈妈很会给我讲故事，也会教我唱歌，她还很爱看歌仔戏①。在歌仔戏中，我学会了一个道理：当一个人跟你讲话时，不要听他怎么说，要看他怎么做，一个人说了一段话，一定有他的意图。"

小时候的蔡志忠是个沉寂、静默的男孩，他说这大概是来自家中的传统，平时家里人并不太爱交流，说话是因为有事情要说。

"我一生当中，跟我的父亲、大哥、大姐、妹妹讲的话可以说屈指可数，记得我七八岁时曾跟二哥睡一张床，整整两年的时间，印象中我们两个人几乎都没有怎么讲过话……而我跟母亲则是无话不说，妈妈是影响我一生最重要的人。"

一个孩子的诞生，其实也意味着一个母亲的诞生。他（她）赋予她的生命以新的意义，更新她以往每一年每一天对世界的理解和想象，使生活在琐琐碎碎中浮现出应有的样貌。反之，一个母亲除了诞生生命之外，她的初始教育更决定着那个小小肉体的心灵的诞生。孩子的性情的来龙去脉，都可以在母亲的言传身教中寻踪溯源——她就是他（她）人生纸页中的暗格。

民国大文豪胡适曾说："在家庭教育中，最重要的就是母亲。"

母亲是一个家庭中的风水，是家庭的支柱，是家庭幸福的源泉。

---

① 福建及台湾地区的汉族传统戏剧之一。

母亲总是在无形之中影响着孩子的一生，不能说孩子的未来完全由母亲决定，但至少影响是最大的。

如今，有一些家庭，父母为了赚钱养家，把孩子留在老家，扔给老人。对此，蔡志忠认为：自己的小孩自己要先教导，如果父母自己只顾工作赚钱，把孩子交给爷爷奶奶宠，等到孩子被宠坏了，习性形成之后，希望学校的老师将孩子教好，那是不可能的。

1. 我很幸运，从小妈妈就知道我是天才

> 每个孩子都是天才，只是妈妈不知道。
> 每个人都可以厉害一百倍，只是自己不相信。
>
> ——蔡志忠

蔡志忠常说："每个孩子都是天才，只是妈妈不知道。"

"我很幸运，从小妈妈就知道我是天才。"

年过七旬的蔡志忠每每回忆起母亲，声音缓和，脸上洋溢着一种温暖，隐隐约约中又回到了儿时台湾乡下的朴素生活……

小时候，蔡志忠家里后院养了很多鸡、鸭、鹅和好几头猪，因此母亲必须凌晨3点多起床，背着还是小婴儿的他煮猪食、调理鸡食。然后喂猪、喂鸡、喂鸭、喂鹅，清晨5点还要赶着煮饭，好让

每个人都能厉害100倍
只是……自己不相信！

一大早到田里巡视稻田、回家准备到乡公所上班的父亲吃早餐。

因此直到今天，蔡志忠一直保持每天凌晨3点以前起床的作息。这一点毋庸置疑，从蔡老师每次给我发邮件的时间便可窥见一斑。每次我看到蔡老师的邮件差不多都是起床后打开手机的时候，几乎每一封邮件的发送时间都是凌晨1点钟、2点钟、3点钟……

蔡志忠小时候，家里的日子过得并不富裕。维持一大家子的生活不容易，逢年过节，家里买鱼买肉是父亲的责任，而平时买豆腐的则是母亲。那时候卖豆腐的小贩总是很准时地在早上9点喊起叫卖声，听到豆腐小贩的吆喝，母亲总会对小儿子说："拿上钱出去买块豆腐。"豆腐买回来后先用盐水卤上，放在柜子里，然后母亲去洗衣服。

母亲在后院洗衣服时，蔡志忠总是蹲在旁边听她讲故事，要么是他讲故事给母亲听。有意思的是，他经常瞅着空当跑进厨房偷吃一块。

"每天的豆腐都被我吃掉一半，但我这样吃了十年，母亲从来没问过我'豆腐是不是被你吃了？'"

回忆起儿时的往事，蔡志忠笑得像个孩子那么开心。

蔡志忠说自己能成为漫画家，跟母亲有一定的关系，由于母亲不认识字，记得从很小开始，他便经常讲故事给母亲听，无论故事是从童话书上看来的，还是从老师那里听来的，或是他自己瞎编的……这也让他因此养成了很会编故事，擅长用画面、用漫画讲故事的习惯。

父亲很严肃，平常在家里难得讲一句话，所以家里很安静。蔡志忠也因此养成不太说话而爱思考的习惯。但对母亲，他则无话不说，放学回家第一件事就是急着找妈妈，跟她报告今天老师说了什么，学校发生了什么新鲜事。

如果课堂上老师说了一个天方夜谭的故事，他会把整个故事从头到尾跟母亲重述一遍，她边喂鸡鸭，边听儿子复述的神灯故事。有时看她干活太认真不专心听自己讲，年幼的蔡志忠还会生气地责怪她没好好仔细听。

"刚才讲的神灯的故事你有没有在听？"

"有啊，有啊……"

"那我刚才讲的什么，你重复一遍……"

"好啦，好啦，真的有在听啦，你继续讲……"

"贫穷乡下的妈妈必须身怀绝技，身兼数职，且具有多种技能：会炸地瓜、做鸡蛋小丸子，替小孩准备零食、教孩子唱儿歌，还负责为子女说故事。我最喜欢蹲在井边听妈妈边洗衣服边说白贼七、虎姑婆、廖添丁、邱罔舍、周公斗法桃花女、陈三五娘的故事。"

蔡志忠总认为自己应该有着离奇的身世和背景。他经常想自己其实并不姓蔡，很可能是别人家的小孩；父亲应该是个大将军，会很多武功那种；他长大后要到山上去练武功，打败敌人……

"我小时候常想象自己是故事的主角人物，想象着王度庐的武侠小说《鹤铁五部曲》中玉娇龙于风雪中骑着白马，把她刚生下的小男婴放在一户人家的门口，而那个小男婴就是我自己。"

于是他经常不止一次地问母亲："妈妈，我真的是你亲生的吗？""傻孩子，你当然是我亲生的。"

其实，他非常希望有一天能从母亲那里得到否定的答案，期盼着自己的身世有那么一点点特别。

母亲没出嫁之前，是家中的老大，身为长姐的她，从小就担当起家里的重任，不仅要干家务活，还要帮忙照顾妹妹和有残障的弟弟，因此很小就很有想法，也有自己的主见。

母亲很爱看歌仔戏，每当歌仔戏班两个月一次巡回到花坛戏院演出时她都要去看，但父亲并不同意。她不像一般乡下妇女遵循三从四德，百分之百听从丈夫的指示，她才不管丈夫生气与否，非要去看一场不可。

两个月一次，歌仔戏的锣鼓声打破乡下的平静，歌仔戏公演的广播宣传车到乡下发放广告传单时，孩子们总是追着宣传车抢歌仔戏广告戏单，好不容易抢到一张戏单的蔡志忠急忙跑回家告诉妈妈："妈妈！这次是演许仙与白娘子，我们哪一天去看戏？"

迫不及待的母亲一定回答说："明天下午我们去看首映第一场。"

第二天父亲吃过午饭后，母亲急忙洗完碗筷，还来不及把碗筷摆入橱柜，便拉着蔡志忠直奔花坛戏院，随着"陈三五娘""陈世美与秦香莲""孟丽君"的悲欢离合的情节，她总是边看边哭，泪流满面，甚至真的像亲人过世一样悲伤。也许是过于投入，也许是联想起自己人生中的种种境遇感同身受。儿时跟着母亲看歌仔戏而受到长期戏剧的熏染，也成为蔡志忠日后创作的缘起。

散场后，母亲还沉浸在剧情里久久不能自拔，而这时的蔡志忠就要像小侦探一样开始自己的侦察任务——他要先回家打探父亲是否已经从田间回到家里。如果父亲在家，他就得偷偷打开厨房后门门闩，轻掩门板，然后再回去告诉躲在稻草团后的母亲。母亲则手捧着之前藏在后院柴堆上方喂鸡鸭的空盆，从厨房后门进屋，一边走还不忘掸落身上的灰尘，把散落的几根头发别到耳后，假装自己在后院忙碌了一整个下午……

于是蔡志忠的家里每两个月都会上演一场剧情几乎一模一样的戏码——歌仔戏到乡下公演十天，母亲偷偷去看一场戏，父亲则臭着脸一个星期。

其实父亲心里明白得很，他早知道只要有歌仔戏班到花坛演出，母亲一定不计一切后果去看戏。宁愿忍受父亲生气一整个星期，她也要飞到戏台前过过戏瘾。只要一听歌仔戏的锣鼓声响起，母亲的心便无法平静安心地做家务，得先去看完一场歌仔戏，让平凡清淡的乡下生活变得精彩绚丽。但她还是很克制自己，也像跟父亲约定的默契，每次歌仔戏班来花坛公演十天，她只去看一次下午场。蔡志忠知道如果父亲不反对，母亲一定日场、夜场连看十天二十场戏。

小时候蔡志忠很不能理解："既然母亲那么爱看戏，为何父亲会那么反对？"

后来他终于想清楚，在贫困的农村里，父亲不能接受自己辛苦地在田里工作时，而母亲不仅不做家务，还要花钱买票去看戏。

蔡志忠说他的好胜心来自全乡书法第一的父亲，而他的成长与个性的形成，大都来自母亲。永远不责骂自己的孩子，绝不跟自己的孩子说"不"。还有就是"擅于沉浸于自己所喜欢的事物，横眉冷对千夫指，不理会世间的价值观和别人的看法，随着心中想法而行动"。

家是人生的第一所学校。妈妈的怀抱，是孩子温暖的教室。妈妈是孩子的第一个老师，也是启蒙孩子最重要的关键。

2. 母亲在哪里，家就在哪里

> 在母亲的怀抱里，心无挂碍、无有恐怖、身心安顿、远离颠倒梦想，得究竟涅槃。
>
> ——蔡志忠

所谓三岁看大，七岁看老。所以出生之后这段时间跟孩子关系最紧密的妈妈，对孩子的影响力最大。

一个孩子将来成就如何，跟他幼龄时期妈妈的教导有很大的关系。但务必要帮助孩子成为他自己，而不是父母的复制品。

蔡志忠回忆说："通常小孩都是由母亲带大的，因此小孩的个性也大多来自母亲，我本人就是一个例子。"

"母亲跟我交谈时，总是以相互斗嘴调侃的方式说话。例如我跟别的小孩到田里抓泥鳅，玩得双手很脏。她会说：'哇！好厉害，能玩得这么脏！这么脏的手，除非用菜刀剁掉，否则怎能洗得干净？'

"我说：'不必剁，我自己洗给你看。'"

蔡志忠说："小时候，我喜欢端着一碗饭，边吃边到左邻右舍串门子，到处打听新闻。母亲会说：'哇，好厉害，一顿饭竟然可以吃到天涯海角！今天有什么新闻？'

"我就像如今的新闻记者一样——道来：'左邻阿花下星期一从台北回来，右舍阿珠明天有人来相亲……'

"听完，她说：'你这么认真当新闻播报员，有没有人给你钱？'

"我说：'我当免费义工，不收钱。'

"我聪明，反应快，大概是因为从小妈妈就以这种方式跟我对话，培养了我随机应变的能力。"

说到这里，蔡志忠笑得像个孩子，仿佛一下子回到了儿时依偎在母亲身边的童年生活。

"后来我有了女儿，我也学母亲跟我对话的方式跟女儿讲话。例如，我常笑着对女儿说：'好丑！好丑！长得好丑！'

"女儿回答：'不丑啊！很漂亮，怎么会丑呢？'

"我继续说：'哪儿有漂亮？明明是长得很丑啊！'

"女儿似乎明白了其中的用意，于是反击道：'没办法，因为爸爸长得实在太丑啦！'

"渐渐地，女儿也学会以调侃的方式跟我对话，她确实也变得反应快，比别的小孩聪明。"

蔡志忠继续说道："还没上学之前，我曾经拥有好几百条橡皮筋，有的是花一毛钱在杂货店抽到的，有的是和邻居小朋友赌扑克牌赢来的。橡皮筋有红黄绿三种颜色，我喜欢将每种颜色五条一束，然后红、黄、绿，红、黄、绿不同颜色像编麻花一样依次串联成一长串，多的时候可串成四五米的长度，这样可以用来玩跳绳或翻筋斗，也能用来训练算术与乘法。如果一共是 42 组红黄绿，那么便等于 630 条橡皮筋：$42 \times 3 \times 5 = 630$。

"母亲看我玩疯了，常常偷偷把橡皮筋藏起来，假装不关她的事。

"我发觉橡皮筋不见了，问她：'你把我的橡皮筋藏在哪里？'

"她总是回答说：'我早就忘记了。'

"我只好自己在家里翻箱倒柜地找来找去，通常很快就能找到。

"每次找到橡皮筋后，我好像胜利的将军一样在母亲面前拿着橡皮筋晃来晃去，以显示自己的战果。

"看我又玩了几天橡皮筋之后，母亲又会找个新位置藏起来，我又会翻箱倒柜地寻找一番，这成了我们母子之间的橡皮筋捉迷藏游戏，给平静的生活带来了很多乐趣。"

母亲养的鸡鸭，除了逢年过节被宰来吃，也是她私房钱的重要来源。她知道，一个妈妈如果口袋里没有点钱，是得不到孩子的尊敬的。因此她没钱时会卖掉几只鸡鸭，以备孩子们跟她要钱买零食。

每每回忆起母亲，蔡志忠的内心都不禁泛起一丝涟漪："像我妈妈，不识字，也没多少智慧，但她很爱我。一直以最柔软的母亲的心理解我、支持我。"

她相信自己的儿子能够做好他想做的。

15岁时，蔡志忠离家到台北工作，有时会突然想家。每当想家时大脑里的第一个画面绝对是母亲慈祥的笑容，他突然明白一个真理：

母亲就是孩子的家，
母亲在哪里，
家就在哪里。
母亲就是孩子的寂静彼岸！

3. 父亲不是个听话的乖宝宝

"我从小就不是一个依世间规矩行事的听话的乖宝宝。"蔡志忠如此评价自己。

"我父亲也不是个听话的乖宝宝，当初上班当公务员，必须加入国民党，父亲是第一批台湾籍国民党员。可是他并不盲目听从国民党的政令倡导。"说起父亲，蔡志忠的脸上充满敬重之情。

后排最右一位是 9 岁的蔡志忠

蔡志忠的父亲蔡长七八岁时曾跟大哥到一个大户人家当小伙计，后来学记账，12 岁返乡才上小学，由于他已经认识汉字也学会书法，所以六年小学课程三级跳，只花三年便毕业了。由于学过做生意，婚后便自己创业经营碾米厂和木薯加工厂。

"二战"后期，日本溃败，工厂所有机器被征收造枪炮，碾米厂与木薯加工厂被迫关闭。台湾光复后，由于他是乡下的知识分子，曾当过三春小学第一届家长会长、村干事、乡民代表会秘书。每天早上骑自行车到花坛乡公所上班，下午则扮演农夫耕种自家水田。

父亲给蔡志忠最大的影响是教会他两件事：

第一件事是独立思考能力。

小时候他常常听父亲对别人说："报纸乱写、历史乱写、教科书乱写。"

他不知道到底是父亲乱讲、胡乱批评，还是报纸、历史、教科书真的乱写。但从此以后，他看到任何写成白纸黑字的事物，不会立刻认为是真理，只会说："我曾经在报纸、历史、课本看过有这么个说法。"

一切事实必定等到自己亲自证实才信以为真，这使得蔡志忠从小便养成独立思考、独立判断的习惯，而这也成为他后来闭关十年研究物理的原则。

蔡志忠在他的物理研究《东方宇宙》这本书的扉页上写着：

仅以此书献给我的父亲——蔡长

第二件事便是："热爱自己的工作，要做就要当第一！"

蔡志忠说他的求胜心不是天生的，而是从小看父亲全力以赴地专注用心书写书法所得到的启示。

蔡爸爸是花坛乡书法第一人，"在我们家乡，无论是乡公所、农会、小学或是寺庙等建筑物的大门招牌都是他写的字，然后再请人雕刻制作的。平常父亲免费替村民写婚丧喜庆的请柬、对联或写信，春节之前则帮全村写春联。如果有人胆敢请别人写，他会很介意，认为对方不尊敬自己。"

说到这儿，蔡志忠起身去屋里拿出一个"笔筒"。与其说是笔筒，不如说就是个废弃的透明玻璃杯，里面插着好几支粗大的毛笔。

"这支是我父亲的，这支也是。"有的毛笔笔杆都已经裂开，多处

蔡志忠展示父亲的毛笔

用透明胶布缠裹着，"它们都一百多年了……"

端详着这些毛笔，蔡志忠的思绪又回到了儿时乡下的时光……

蔡志忠曾听妈妈说起父亲年轻时练习书法的事，每天中午他顶着大太阳，以砖为纸，以水当墨、拿着毛笔在红砖上练字。被太阳晒烫的砖块一写就干，一砖两面可以写很多遍。一块砖写湿了，再拿第二块写，这样几年下来他便成为花坛乡书法第一高手，像极了武侠小说中大侠练成天下无敌盖世武功的情节。

每年春节前一个月，村民便陆陆续续拿红纸墨水毛笔来请父亲写春联。有钱人带一点礼物，还带很多红纸；穷人家只象征性带来几张红纸。蔡爸爸完全不介意，他只是爱写字和获得全村村民对他书法的肯定而已。

除夕下午，他一定会把全村的春联写完，好让人家能及时贴上。吃完团圆饭，他便开始书写家训或有意思的箴言，有的送人，有些自己裱好挂在书房或大厅两侧。

蔡志忠说，父亲书写的文章非常有庄子的风格，例如：

有本事生了事，无本事省了事。
生出事来便是无本事，省了事则是有本事。

这跟庄子"巧者劳而智者忧，无能者无所求。饱食而遨游，泛若不系之舟"的道家无为精神很像。

蔡志忠父亲的毛笔

蔡爸爸从除夕开始写到元宵节之后，才收拾笔墨，结束一个半月的书法工作。蔡志忠说，他从当漫画家开始学习父亲的精神，每年除夕吃年夜饭之后，他尽可能通宵加班，让一年之际始于除夕，以免春节假期放松的心难以收回。

蔡志忠说父亲一辈子生活在艰难困苦的年代，没有更好的出路，无法以最喜欢的书法作为自己的职业。但他一生安于贫穷，对人生的体悟有如他自己所写的一篇书法：

天下有二难：登天难，求人更难；

有二苦：黄连苦，贫穷更苦。

人间有二薄：春冰薄，人情更薄；

有二险：江湖险，人心更险。

克其难、安其苦、耐其薄、测其险，可以处世矣。

蔡志忠画漫画成名之后，每每有村民告诉父亲："在电视上看到你儿子又获奖了。"他知道父亲心里当然很高兴，不过最让父亲高兴的是：儿子能以自己最喜欢最拿手的漫画作为一生的职业，是他无法办到的终生最大遗憾，儿子代替他完成了梦想。

4. 从不说"NO"的父母

充满奇思妙想的蔡志忠，不仅对漫画有着诸多遐思，对于家庭和亲情，他更有着独特的观点和看法。从小在极度自由的家庭氛围中长大的他，成长过程中体会最多的是父母家人对他的爱和支持，无论做什么事，父母都给予他理解和尊重。这对一个孩子而言，就是最大的安全感。

蔡志忠说，那时乡下家家户户都几乎跟我们家一样，每个小孩生下来就是家里的一分子，生而为主，每个人要为自己的行为负责，无须受大人管教。

然而现在的很多孩子，每天的生活被父母安排得巨细靡遗，一点供自己支配的权利都没有。

我 15 岁离家到台北画漫画，从小到大一共在家中住了 15 年。在我有记忆以来，这 15 年期间从来无须用疑问句。

我想要去彰化看电影，也无须问："爸爸，我可以坐车到彰化市看电影吗？"

只要去看电影之前告知一下，便可以了。

就算 15 岁时，要离开家到台北当漫画家，从此不再回来了，也不是去征询爸爸同不同意，而是离家的前一个晚上，去告知他明天自己要离乡到台北发展而已。

因为在那时，每个孩子都要为自己负责，有充分的自由掌控自己的生活。而父母也从来不会轻易否定孩子，而是充分尊重孩子生而为主的权利。

还有一件事在蔡志忠的记忆深处，令他难以忘怀。

从 1957 年开始，台湾岛内风靡漫画近十年。

直到 1966 年，有报纸称，漫画败坏社会风气，学生迷上漫画不认真读书，甚至讲得漫画一无是处。

家长和学校纷纷禁止学生看漫画。当局也要求漫画出版前必须送审，取得执照后才能印刷出版。

漫画的销路越来越差，出版社纷纷关门倒闭。

这是台湾地区有史以来第一次漫画灾难。

在这样的大环境下，很多家漫画出版社倒闭了，蔡志忠所在的漫画出版社也不例外。就这样他失业了，而且很长时间找不到工作。他只好收拾行囊，回到了彰化乡下。

他怕父母担心，没敢告诉他们自己失业的事。在家待了一个月，父母也从来没问过一句。

在蔡志忠父母的观念里，家是孩子永远的避风港，要住多久都没问题。

几天后，父亲悄悄跟母亲说："看起来挺严重的，连唱片机和唱片都搬回来了……"

邻居们也问母亲说："咦？你们志忠这次为何回来这么久？会不会出了什么事情？"

母亲只是回答说："他是读书人，做什么必然有他自己的理由。"

这些都是后来大姐悄悄告诉蔡志忠的。父母虽然也有一肚子的担忧和疑虑，但在他面前，一个字都没有问过。

一个月后，蔡志忠又一次收拾行囊到台北寻找新的工作机会。

父亲的开通与淡泊，母亲的信任和爱护，让蔡志忠可以理智地选择自己的人生。1985 年，蔡志忠获得台湾地区十大杰出青年荣誉时发表获奖感言："感谢我的父亲！他没有逼我继续上学，没有叫我去补习班，没有叫我去电脑班，也没有要我去替他完成他一生未完成的愿望。"

蔡志忠总是这样评价母亲："我妈妈虽然没读书，不认识字，但她是我们全家最睿智的人。我常思考这个问题，看似没有文化背景的妈妈为何最睿智？很可能是女性比较有包容心，事情看得比较宽广。"

于是成年后组建家庭后，蔡志忠也将这份爱和安全感，传递给他的独生女儿蔡欣怡。

蔡志忠从女儿 3 岁起就对她这样说："你是我的女儿，我是你的爸爸，不可选择。就算你犯一百万次错误，也不会改变我是你父亲的事实。就算你考 100 次 0 分，我也依然爱你。无论你遭遇什么样的麻烦，请第一时间告诉我，我一定是全球 70 亿人口中最愿意帮助你的人。"

这样的话，每年都要说一遍。后来女儿进入青春期，蔡志忠又加了一句："即使你将来未婚先孕，或者没有结婚就带着一个孩子回家，也没有关系，一定要告诉爸爸，我会全力地帮助你，绝不会说'NO'。"

听到这里，女儿蔡欣怡总是不好意思地回答："爸爸，不会的啦！"

即使这样，蔡志忠还是每年要跟女儿说一遍，直到她 18 岁成人。

蔡老师说到这里，我也想到了自己的母亲。我的母亲像蔡妈妈一样，给了我充分的自由与信任，从小到大没有骂过我一句，更别说打了。她始终用一颗包容的心对待我。

作为母亲，她对我也是有所期待的，就拿大学毕业后的去向问题来说，母亲非常希望我能够回到家乡，守在父母身边，彼此方便关照。但面对我想要在北京发展的想法，她没有反对，相反给予了我绝对的支持。

小时候，妈妈从来不会用自己的经验和想法去左右我，而我也在这种充分信任的空间里对自己有着严格的要求，并且在成长过程中不断修正自己。

而作为母亲，我为自己感到汗颜。我时常反思，自己作为母亲的角色功能是不到位的，很多时候我不像是在做母亲，倒像是在做老师。为了避免女儿犯错，我经常用自己的经验去控制孩子的想法，但事实上她该走的弯路一步也没有少走，该摔的跟头一个也没有少摔。当然，也只有这样，她才会记住。这些是父母说很多遍都没有用的。

我时常提醒自己，孩子与母亲的关系和其他任何的关系都不同，孩子是从一个细胞分裂开始在母亲肚子里感受母亲的。而同时，孩子也会把母亲的情绪背在身上。母亲的角色是温柔地保护孩子。只有好的母亲才会有好的家庭教育，这是根基。

一个孩子来到这个世界上能遇到一个好妈妈是福气，一个孩子真正的幸福不是有房有车，而是能遇到一个给他爱也能给他疗伤的母亲，这样孩子就会有力量迎战困难，才会好好成长。

第4章

早期教育影响一生

> 三岁看大，七岁看老。所以出生之后这段时间跟孩子关系最紧密的妈妈影响力最大。尽早教导孩子、启迪孩子的独立思考能力与兴趣至关重要。
>
> ——蔡志忠

最近，蔡志忠在混沌大学的创新前沿课程《蔡志忠：一生专注美好作品》中向大家分享了他的人生心法：

我之所以会成为对世界有一定影响的漫画家，很大程度要归功于我的早教。

很多世界精英都从两三岁开始，便进行早期教育，他们很小便找

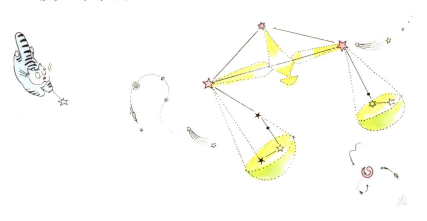

到自己的人生焦点，因而出类拔萃。

我出生的那个村子有一个天主教小教堂。我妈妈认为，信仰天主教跟信仰佛教一样，祈祷得越多，望弥撒越多，福报越大。所以我刚满 1 岁时，我 6 岁的二哥就每天早上抱着我去教堂听道理班。从创世纪到耶稣复活，小小的我听了很多很多《圣经》故事。

那时候，我大脑里有 1000 个《圣经》故事，其中有将近 100 个厉害的人物，比如，耶稣基督可以用二鱼五饼喂满三千听众，诺亚可以铸造一艘载满全世界成对动物的大方舟……

我 4 岁左右，爸爸开始教我写字，写"蔡志忠"或"天地玄黄""宇宙洪荒""孔乙己"……快 4 岁半时，我学会了写字，也学会了看书，还从爸爸送给我的小黑板上，找到了人生之路——我发现我很爱画画，也很会画。

那时候我就决定，只要饿不死，我就要画上一辈子。

1. 天才来自早教

天才不是天生，天才是后天养成的。在孩子出生之前就展开他的天才之旅。每个小孩都具备成为天才的条件，只是要及早将他的才华开发出来。

——蔡志忠

　　蔡志忠经常说，几千年来，中华优良传统文化是通过每一户人家代代传承的。家是人生的第一所学校。妈妈的怀抱，是孩子温暖的教室。妈妈是孩子的第一个老师，也是启蒙孩子最重要的关键。

　　自己的小孩自己要先教导。如果父母自己只顾工作赚钱，把孩子交给爷爷奶奶，等到孩子被宠坏了，习性形成之后，寄望于学校的老师将孩子教好，那是不可能的。

　　蔡志忠于是讲起了自己的经历：

　　我小时候很静默，这应该是来自家中的传统，我们家有人说话是因为有事情要说，平时大家维持静默不讲话。我一生当中，跟父亲、大哥、大姐、妹妹大约说不到几句话。记得我七八岁时曾跟二哥睡一张床，整整两年时间，印象中我们好像不曾对谈过，而我跟母亲则是无话不说，妈妈是影响我一生最重要的人。

　　后来我能成为漫画家跟我母亲有一定的关系。由于母亲不认识字，记得从很小开始，我便经常讲故事给母亲听，无论故事是从童话书上看来的，还是从老师那里听来的，或是我自己瞎编的……这也是我很会编故事，擅长用漫画讲故事的主要原因。

蔡志忠经常说：

所谓龙生龙、凤生凤，指的是人的身躯、体形、长相、外貌。

白人父母生下白人小孩，黑人父母生下黑人小孩，亚洲父母生下亚洲小孩。

如同我们买一部索尼计算机，便有索尼计算机的硬件；买苹果计算机，便有苹果计算机的外形。但相同品牌的计算机买回去之后，使用者们装上自己的软件立刻变得完全不一样。有的人用来制图、绘制动画、处理账册，有的人则是用来上网聊天打电玩。

天才不是天生，天才是后天养成的。在孩子出生之前就展开他的天才之旅。每个小孩都具备成为天才的条件，只是要及早将他的才华开发出来。

蔡志忠信手拈来为我讲起美国物理学家理查德·费曼的故事。理查德·费曼两三岁时，父亲经常带他到森林散步，沿路教导费曼每一朵云、每一棵树、每一棵草花、每一只小鸟的名字，引发费曼对大自然的好奇心和独立思考的能力。

父亲也教费曼数火柴盒，当数量多到几百个之后，告诉费曼说："每四个蓝火柴盒后面放一个红火柴盒，只要数红火柴盒，再乘以五，就是总数。"

由此，小小年纪的费曼便发现数学之美，对物理数学充满兴趣。长大后的他被认为是继爱因斯坦之后最睿智的理论物理学家，也是第一位提出纳米概念的人，于 1965 年获得诺贝尔物理学奖。

在蔡志忠看来，在 3 岁半之前，在孩子的大脑输入 1000 个故事，必能提升他们的想象力和对世界的认知。正如德国牧师卡尔·威特所说："让孩子听故事可以锻炼小孩的记忆力、启发想象、扩展知识。传授知识，用讲故事的形式容易记住。教育孩子，运用讲故事的方法是最有效的。"

接着，蔡志忠又为我讲述起自家兄弟姐妹的成长经历：

我大哥从小是个听话又认真念书的乖宝宝，高中毕业后一直都在高雄电讯局上班；二哥从小爱玩，长大后在斗南菜市场卖鸭肉；大姐 18 岁时便嫁作商人妇；妹妹是一般良家妇女。而我的智商 184.8，现在应该超过 200，是全家最聪明的小孩。

五个兄弟姐妹每个人智商不一样，为何相同父母所生的小孩，智商会相差这么大？我常常思考这个问题，细想我的一生或许能明白其中关键。直到前些年我开始回想儿时的各种际遇，在务农的乡下，没有画画这个行业的当时，为何我会选择以画画作为终生职业？这时才猛然发现原来我是受早期教育的影响，才与众不同。

2.《圣经》故事，蔡志忠的早教启蒙

天才不是来自基因，它来自从小接受外来的长期刺激，越早启发刺激，就越有成效！

——蔡志忠

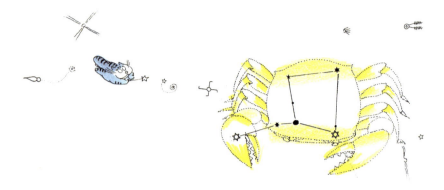

对蔡志忠而言，一所乡间的小教堂是改变命运的源起。

17 世纪初叶，西班牙和葡萄牙船队经过中国台湾海峡发现这座美丽的小岛。

当时便有西班牙神父前来传教，但由于岛内民众崇拜民间信仰，人人都信仰妈祖、土地公、城隍爷、三太子，因此神父们的传教并不顺利。

第二次世界大战结束后，美国神父带来大量物资，教堂每个月发放牛油、奶粉、玉米粉等，他们传教获得了很大的进展。

那时候，彰化市都还没有教堂，蔡志忠家旁边却有一座新盖的小教堂，突兀地矗立于淳朴乡下，被当成是一件很怪的事。

故事起源于一位一心想改行当天主教传教士的老裁缝师，他的名字叫叶举。家住田中的叶举是天主教老教友，他想改行当传教士。员林教堂柯神父允诺他，如果你能招募 10 户人家改信天主教就可以。

由于叶举脸皮薄，不好意思在家乡传教，蔡志忠的父亲是花坛乡民代表会秘书，跟叶举是好朋友，因此他选择到三家春传教。

在村民都是神道信仰时代，外来的天主教很不容易推行。物资缺乏的穷困农村，确实有几户穷人家为了每个月发放面粉而改信天主教。

叶举白天在村子里艰难地传教，晚上常到蔡家喝茶聊天，跟蔡爸爸述说在村子里传教的种种困难："陈家已经受洗改信天主教，张家正在考虑中，还没决定。"

叶举好不容易说动9户人家改信天主教，蔡爸爸为了帮助朋友，义气相挺，决定成为第十户。

就这样，蔡志忠出生那年，一栋种满仙丹花、铁树、圣诞红和各种奇花异卉的外国庭院的小教堂，就在村子彰化客运车站前盖好了，叶举成为小教堂的传教士。

蔡爸爸是个无神论者，不信鬼神，他从不念圣经、不进教堂，答应信教只是义气相助。蔡妈妈则是把天主当成一般的观音妈祖神祇崇拜，她认为信什么都一样。念经越多，望弥撒、领圣体越多，祈祷越久，天主保佑就越多。

蔡志忠说，蔡家信仰天主教，获益最大的人就是自己。

蔡志忠一出生就受洗，那时6岁的二哥每天早上抱着只有1岁的他到道理厅和二十多个教友小孩一起上课，每天早上9点上到中午12点从不间断。1岁小孩虽然还不会说话，但天天听，听久了还是能慢慢明白。

他依稀记得最期待下课休息10分钟时，叶传教士分发给每位小朋友一颗米酒浸泡的超大红肉李子，甜甜带着酒味，那种特别的滋味至今令他怀念。

叶传教士每天教他们《圣经》、唱圣歌、背诵经文，从创世纪讲到耶稣受难被钉十字架到复活为止。

3岁半时，蔡志忠已经会背诵《天主经》《圣母经》《玫瑰经》等多首经文，也学会忏悔祈祷，进教堂望弥撒、办告解、唱圣歌、领圣体等标准天主教信徒应该会的一切基本要求。更重要的是，3岁多的他小脑袋里就装满了 100~1000 个《圣经》故事，也熟知圣经里面的 100 个厉害人物。

"《圣经》中的历史、神话就是我的早教启蒙，这对我的一生非常重要。"蔡志忠说道。

也正是在这所小小的教堂的阅览室里，蔡志忠很小便接触到了米老鼠、大力水手等美国漫画，蔡志忠说："身上流的是东方血液，教堂是我了解西方文化的窗口。启蒙得很早，才使得我有别于其他兄弟姊妹。"

二哥也跟蔡志忠一起接受相同教育，为何没改变什么？在蔡志忠看来，那是因为当时二哥已经 6 岁了，早已超过早期教育最关键的铭刻期，所以没产生什么效果。

蔡志忠认为，智商不是天生的，智商是生下来以后再灌输进大脑的！他的高智商也不是来自于父母，而是三岁半之前就听了 1000 个故事，引发自发性思考才变聪明的。

在蔡志忠看来，天才不是来自基因，它来自从小接受外来的长期刺激！越早启发刺激，就越有成效！很多世界精英都从两三岁开始便进行早期教育，他们很小便找到自己的人生焦点，因而出类拔萃。

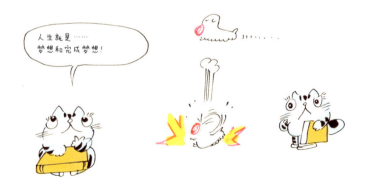

因此他特别强调父母亲要及早为子女重新灌输软知识，启发自己的子女，让他们的心充满想象力。鼓励他们努力做自己，帮助他们完成心中的梦想。

3. 什么样的父母，养出什么样的孩子

教育家裴斯塔洛齐有一则寓言：

有两匹一样的小马，一匹交由一位庄稼人喂养，但那个庄稼人在小马还没发育健全时就使用来赚钱，最后这匹小马变成没有价值的驮马。而另一匹小马则托付给一位聪明人，在他精心喂养下，这匹小马成了日行千里的骏马。

今天科学家证实，成就与选择目标的年龄成反比！越早选择人生目标，成就便越高。

蔡志忠认为，所谓的"不要输在起跑线"，不是越级提早上各种才艺班，而是及早选择人生的那把刷子！无论我们学习多少科目，最后也只是拿一把刷子谋生。越早找到自己人生的那把刷子，成就便越高。

很多人都听过"人猿泰山"的故事，一个小男婴被猩猩抚养长大的故事，这是确有其事，而不是刻意编出来的童话故事。

英国司各特伯爵夫妇带着儿子旅行，在非洲海岸遇上大风暴，船被巨浪打

翻，全船的人都遇难了，只有司各特伯爵夫妇一家爬上了热带丛林无人荒岛。司各特伯爵夫妇很快就被热带丛林里的疾病夺去生命，只留下小司各特。后来一群大猩猩收养了只有几个月大的小司各特，他便跟着猩猩生活。

二十多年后，一艘英国商船在无人荒岛抛锚，在岛上发现一个青年像猩猩般灵巧地攀爬跳跃，不会用两条腿走路，也不会讲人类语言。船员将他带回英国，引起轰动，科学家像教婴儿那样去教司各特，教他人的各种能力，以便他能重归人类社会。

花了将近十年，司各特只学会穿衣服，用双腿走路，但始终无法说出一个完整的句子，他习惯像猩猩那样以吼叫表达情感。司各特接触人类时已经20多岁，学习语言的能力已经在他身上永远消失了。

印度有些村落如果生下女孩，就把她们抱到森林抛弃。1920年，卡玛拉和阿玛拉两个女孩在印度米德纳布尔被发现与狼群共同生活，卡玛拉看起来像是7到8岁，阿玛拉大约1岁半。她们被送到辛格牧师创办的米多那普尔孤儿院，开始与人类一起生活，但她们还是保有狼的习性，喜欢吃生肉，热的时候吐舌头，晚上会像狼一样嗥叫。

一年后，小阿玛拉病死了，卡玛拉发狂地跑来跑去，大声哀号，这是她第一次流泪。

卡玛拉学不会语言，到孤儿院第二年才能说出"水"这个字。直到第七年，才能说四五十个单词，也了解别人说话的意思。17岁时，卡玛拉因肾衰竭死亡。

1978年，斐济一名少年小时候父母双亡，由祖父母抚养。但因为当地过于贫穷，祖父母将他关在鸡笼，每天和鸡一起生活，有时还会以暴力对待他。他除了发出鸡啼声、啄食吃东西，不会站立，对人充满攻击性。

蔡志忠说，把孩子当鸟来养，养出鸟男孩；把孩子关在鸡笼跟鸡一起养，养出鸡少年；猩猩养出泰山、豹养出豹男孩、狼养出狼少女。他们被发现后，都学不会人的语言，这些动物养出来的孩子，已经错过了婴儿期学习语言的铭刻期。

蔡志忠还得出结论：什么样的父母，养出什么样的孩子。

美国哲学家弗洛姆说："每个人都生自父母，但每个人都要使自己再重生一次。"

把一个婴儿交给一对天才父母培养，会养成天才；交给一对毒瘾夫妻培养，会成为毒贩。

蔡志忠说：父母只是生下孩子的身体，心智软件则要在出生后灌进去。天才不在基因里，它来自从小接受外来的长期刺激。越早启发刺激，就越有成效。

在他看来，天才是从小培养出来的，而不是与生俱来。顾名思义，天才总是起步很早！在孩子没出生之前就展开他的天才之旅。每个小孩都具备成为天才的条件，只是要及早将他的才华开发出来。

犹太人堪称当今世上最聪明的民族，犹太人非常重视教育，当孩子满3岁时便开始研读英文和希伯来文版的《圣经》和《塔木德》两部犹太经典，男孩子13岁必须上台演说对塔木德的个人见解才算完成成人仪式。长大之后，他们已经具备如何做人做事的法则和赚钱谋生技能。

"天才并不是上帝心情愉快时偶然创造出的神童，而是后天环境和正确教育下的必然产物。"接着，蔡志忠又为我讲述了其他几个故事来佐证自己的观点：

威廉·詹姆士·席德斯

1914 年，是美国哈佛大学的丰收年。这一年，哈佛大学招收了好几个少年天才。其中一个美国神童威廉·詹姆士·席德斯，年仅 15 岁，他的经历说来令人惊奇：

出生刚满 8 个月，能指着月亮说："月亮，月亮。"

1 岁半能阅读《纽约时报》。2 岁自学拉丁文，3 岁自学中文，4 岁时精通法文。

6 岁那年，他和其他孩子一样进小学。第一天早上 9 点，他是一年级的学生，中午他已被编入三年级。当年就念完小学毕业了。7 岁时想上中学，因学校不愿意接收年龄太小的学生，只好在家自学高等数学。

8 岁那年上中学，9 岁、10 岁这两年在家自学，11 岁进入哈佛大学，16 岁时以优异的成绩毕业。17~21 岁时，在哈佛大学教书并继续学习。其智商估计高达 250~300，是世界纪录最高的。

他的父亲鲍里斯·席德斯是哈佛大学心理学教授，出生于乌克兰犹太人家庭，为逃避沙皇俄国《五月法案》对犹太人的迫害，1887 年移民美国。

席德斯是接受父亲有计划培养出来的天才儿童。鲍里斯·席德斯用他的儿子作为实验对象，以验证他的幼教理论。

他说："席德思在出生时，只能算一般聪明，经过我的实验后，他逐渐能够自我学习，并对各类知识产生浓厚兴趣。"

卡尔·威特

1800 年，卡尔·威特出生于德国哈勒市附近一个叫洛赫的村庄，他父亲也叫卡尔·威特，是该村的牧师。威特的父亲对培养孩子有惊人的独到见解，他的教育远见更令人钦佩。他认为：教育孩子应该从婴儿时期开始。

对子女的教育必须随着婴儿智力曙光的出现开始，即使天分普通的儿童都能成为不平凡的人。

他尚未当父亲时就常说："我要是有了孩子，就会从婴儿时期开始教育。"

后来他有了第一个孩子，但很快便夭折了。

第二个孩子就是小威特，但婴儿时期的小威特显得很痴呆。

老威特悲伤地说："我犯了什么罪，上帝竟赐给我一个痴呆的儿子。"

但老威特并没有放弃，仍坚持按自己的计划教育小威特。刚开始连妻子也不赞成："这样的孩子再怎么教都没有用，成不了什么材，只会浪费精力。"

可是，就是这个痴呆儿，不久就使邻居们大吃一惊。小威特八九岁时就熟练地掌握了德语、法语、意大利语、拉丁语、英语和希腊语 6 种语言，并擅长动物学、植物学、物理学、化学，特别是数学。9 岁那年，他考入莱比锡大学。

1814 年 4 月，不满 14 岁的他就发表了自己的数学论文，并被授予哲学博士学位。两年后，16 岁的威特又被授予法学博士学位，并被任命为柏林大学的法学教授。在到柏林大学任教之前，他得到了普鲁士国王的一笔赐款，作为他留学意大利的费用。

在佛罗伦萨留学期间，他对但丁发生了兴趣，他发现，全世界对但丁都存在很多不公正的误解。他对此进行了深入的研究，于1823年发表了《但丁的误解》，指出当时但丁学家们的许多谬误，为后世研究但丁重新开辟了一条正确的道路。虽然他的专业是法学，但他在钻研法学的同时并没有丢掉研究但丁的爱好，后来成为但丁学权威。

1820年，威特从意大利回德国。1821年，受聘于布赖斯芬大学担任法学教授，并在这个岗位上做出了杰出的贡献。11年后，他应邀到哈勒大学担任客座教授。1883年，83岁高龄的威特逝世了，但他的大名依然为人们所铭记。

卡尔·威特的一生，除了学术上的贡献外，还有一个杰出贡献就是早期教育的典范。威特的父亲由此写出了《卡尔·威特的教育》一书，详细记录了他对卡尔·威特进行早期教育的整个过程，引发后世对早期教育的追随。

4. 学习的关键就在铭刻期

在蔡志忠看来，人的成长期间，每个不同时期都各有作用，学习外语也是如此，最佳的学习时间是在孩子10岁以前，钢琴应该从5岁开始学，小提琴从3岁开始学最好，否则就不容易学有所成。

鸭子、野雁刚出生的28小时是它们的铭刻期，一只刚诞生的鸭子，会以周边动得最大的物体为亲妈。如果把一颗蛋单独放在密室里孵化，诞生后如果周边会动的只是一个窗帘，它一生中便认定窗帘是自己的妈妈。

15万只南极企鹅宝宝，如何在15万只母企鹅中分辨哪一只是自己的妈妈？靠的就是刚出生28小时内的铭刻期的超强记忆。

蔡志忠认为，人的本性也有铭刻期，没有在铭刻期培养出善良本性，7岁之后就已经很难改正了。

他对我这样说："我在台湾乡下上小学时，有个不乖的陈同学，长大之后他还是不学好，20岁就出事死了。班长是个超级乖宝宝，长大之后留在小镇农会当基层公务员，乖得不敢上大都市冒险。孩子个性如何，将来乖不乖，也必须在铭刻期的关键时候调教好。"

蔡志忠认为，家长应该对孩子的早期教育非常重视，为此他还专门研究过早教方面的课题，并出版了《漫画天才巧克力》《漫画天才计划》等关于早期教育的书籍。

蔡老师说，早期教育的观念启蒙于英国思想家约翰·洛克，后来的法国启蒙思想家爱尔维修等人也对此有着独特的看法：

约翰·洛克认为：人生下来是不带有任何记忆和思想的，人所经历过的感觉和经验才是塑造思想的主要来源。他说："心灵开始时是一个空橱柜，一个人的好坏、能力高低，都取决于他们所受的教育。"

婴儿是一团素坯，它放在什么样的模子里，就会烧出什么样的瓷器。

洛克说："婴儿时期所受的琐碎印象，都会造成重大影响，它们是自我的'白板'留下来的第一印记。例如不能吓唬小孩晚上会有鬼怪出没，小孩会因此把夜晚和鬼邪恶结合在一起，从此再也摆脱不了这些噩梦。"

爱尔维修的《论精神》《论人》学说影响深远。爱尔维修说："人刚生下来，原本没有性格，人会有荣誉感和爱心，是后天教育的结果。人人都具有相同的学习能力，教育具有无限潜力，能解决人类的思想行为问题。"

在爱尔维修看来，人们通常认为教育就是由教师教儿童识字、读书、背诵教理问答。其实不然，儿童的真正教师是他们周围的对象，他们的全部观念几乎都是从这些教导者得来的。而且，不能把教育固定在专门受教育的时期，亦即童年和少年时期。人的一生其实是一场长期教育，要从胎儿开始，一直持续到死。婴儿的心灵纯净得像白纸一样，没有任何印迹；幼儿如同瓷土，可以捏成方形捏成圆形，上釉成为红色或蓝色等任何瓷器，最重要的时机在 3 岁之前。

蔡志忠又为我讲述了几位欧美早教成功的案例：

约翰·穆勒

西方近代自由主义代表人物——约翰·穆勒是早期教育的受益人。

他的父亲詹姆斯·穆勒是英国著名哲学家、经济学家、历史学家、心理学家。他很早就意识到早期教育的必要性。他在儿子出生后，就把教育的重心放在正确地塑造他的心灵上。

而约翰·洛克认为心灵如同一张白纸，思想来自感觉经验的积累，詹姆斯刚出生的儿子就是那张白纸。

约翰·穆勒 3 岁时就会读希腊文，8 岁开始学拉丁文、代数、几何，9 岁遍读希腊史家的重要著作，少年时期已经具备了比大学毕业生还要广泛的知识。约翰·穆勒在《自传》表示：

人于成长初期，只要经过适当训练，可以吸收和理解的知识量，远超过常人所能想象。我小时候便学完高等学校的知识。事实上，我生下来所具有的才能，还不如普通人呢。我敢肯定，任何一个普通体质和一般能力的人都能做到我所做到的事情。我有这些成就，完全受益于我父亲的早期教育。

约翰·穆勒说，很多青少年从小开始接受填鸭式教育，在这种教育模式下，他们的才能受到压制，没被充分发挥出来。我父亲反对这种教育方法，他不是拉着我的手让我跟在他的身后，而是让我跟他并排走，甚至尽可能地让我走在他的前面。

凡是一些动脑子的问题，父亲从不教我，而是说"你自己想想看"。

约翰·穆勒本人因为父亲的早教而成为天才，他极为反对先天遗传的决定论。

他说："在逃避社会道德对人类心灵影响时，最简单的托词，就是将行为归咎于遗传天性的差异。"

约翰·穆勒的著作《论自由》是一部划时代的思想巨著，它深化了启蒙运动以来关于个人自由和政治自由的论述，成为历久不衰的经典之作。

波尔加三姐妹

匈牙利心理学教授拉斯洛·波尔加看了约翰·华生的论文，开始研究莫扎特、贝多芬，发现天才的确与出生时的环境和从小的教养有极密切关系，莫扎特的父亲和祖父都是宫廷乐师，贝多芬的祖父是宫廷乐师，父亲是男高音，而且刻意栽培贝多芬成为音乐家。

拉斯洛想亲自尝试一下，他和太太谈恋爱时便达成一致的意见，准备生六个小孩来做这个实验。

1969年4月，苏珊出生了，拉斯洛·波尔加想训练她数学或艺术爱好。苏珊3岁时，无意中从抽屉发现一副国际象棋便被吸引，并要求父亲教她下棋。刚学会下棋的苏珊进步神速，她把玩具丢到一边专心下棋，拉斯洛·波尔加便带她参加各项比赛。

苏珊4岁时就获得布达佩斯11岁以下女童组冠军，7岁成为女子国际象棋大师，10岁打入匈牙利全国女子成人组决赛。

苏珊出生五年后，两个妹妹索菲亚与朱迪相继出生。三姐妹一起玩国际象棋，一起讨论棋局，下各种时限的对局，成为世界知名的"波尔加三姐妹"。波尔加三姐妹后来都成为国际象棋特级大师。

苏珊·波尔加后来移民美国，她两个儿子也是全美青少年国际象棋冠军，拉斯洛·波尔加一家成为制造冠军的工厂。

5. 早期教育使孩子产生超常的能力

> 能力并非是天生的，
> 天才并非得自遗传，
> 早期教育使孩子产生超常的能力。
>
> ——蔡志忠

蔡志忠对日本的早教非常推崇。他说，日本明治维新，全面学习欧美技术，发展工业，
大力推广教育，改善人
民的生活，成为当时的
亚洲第一强国。明治维
新引进欧美理性主义，
经济发展起来了，人们
的观念也改变了。要幸福就要出生在好的社会里，进入好学校，取得
好学历，成为日本社会风行的思潮。来自德国的卡尔·威特早期教育
理念也传到日本，从此早教也开始在日本流行。

铃木镇一

铃木镇一主张通过儿童早年良好的音乐教育，培养个性优雅、才
能卓越、全面发展的新一代青年，他的教育理念引发了世界教育革命。

1898 年，铃木镇一出生于日本名古屋，父亲曾经创办世界规模最
大的小提琴厂。铃木镇一完成学业后，留学德国柏林学习小提琴。

1928 年，铃木镇一与妻子回到日本，与三个兄弟组建铃木四重奏
乐队，开始演出和教学。他发现年龄幼小的儿童都具有学习潜力，随
后创立了世界著名的"才能教育研究会"。

1966 年，日本约有 120 位铃木小提琴教师和 6000 名小提琴学生分
散在世界各地。

铃木镇一说："你看过生理上没缺陷而学不会说话的孩子吗？"

语言的学习如此复杂，都没有失败的例子，其他的学习当然
也不会失败，可见只有失败的教学或老师，而没有失败的学生。

铃木镇一说："人类唯一的天赋是学习的本能！如能把握这个天赋，

充分发展，学习任何事物都能达到相当水平。"

铃木镇一认为："学习要愈早愈好，幼儿阶段影响一生深远。学习应从出生那天开始，而不是上学的第一天。孩子的早期学习能力远超于成人！"

井深大

1945 年，第二次世界大战后，井深大在东京日本桥的百货公司仓库成立东京通信研究所。

井深大早在学生时代就以动态霓虹灯获得巴黎万国博览会优秀发明奖。1946 年 5 月，他同盛田昭夫创办索尼公司，出任第一任总经理。1967 年，索尼发明了特丽霓虹映射管技术，使得索尼电视在全球热卖。

20 世纪 60 年代，随着日本经济起飞，很多有识之士开始关注早期教育问题。井深大是这场运动的先驱。他从商界功成身退后，热衷于研究早期教育问题。

1985 年，日本筑波博览会展出一棵树冠 14 平方米，由兵库县农民野尺重雄栽种的西红柿，结了 13000 多颗果实。果实有普通西红柿的味道，但更甜，水分更充足。其实这棵西红柿只是由一粒普通种子，以无土栽培的水耕法栽种在水槽里。所用的水和肥料都很普通，只用西红柿真正需要的东西栽培西红柿。

井深大看了这棵西红柿，感叹道："我从西红柿的试验成功想到人的问题。一棵普通西红柿可以栽培出这么特殊的果实，一个婴儿如果教育得法，便能发挥到无可限量。"

井深大说："人类出生后 3 个月，是最重要的时期，我们应在孩子刚一出生便开始对他进行正确的教育。"

井深大认为：才能不是与生俱来的，任何一个孩子，如果有正确的教育方法，当他经过不断努力，都可以成才。

井深大为推广早期教育写了《母亲从 0 岁开始的育儿方法》《教育从幼儿园开始太晚》《还剩一半的教育》三本著作，影响后世人对于从婴儿期便展开早教的看法。

七田真的超右脑革命

日本教育家七田真受卡尔·威特《才能递减法则理论》启发：人类才能的成长，犹如金字塔一样，刚出生时像金字塔，底部面积很宽广，随着年龄增长，面积便越来越小。从 0 岁时开始教育，才能延伸的可能性最大，随着年龄增长，才能延伸的可能性急速减少。如果到了七八岁时还没开始教育，那么孩子才能延伸的可能性就几近于 0。

在丰富的环境当中，婴儿出生后不久就立刻开始观察各种事情。如果不给予任何刺激，婴儿这种探知欲心被压抑。婴儿就会停止这种快乐的追求变成封闭的孩子，这是永远无法弥补的损失。

由此看来，幼儿教育最重要的阶段不只是 3 岁到 6 岁，而是出生前后的几个月的教育。

心理学者愈来愈相信，人类出生后是好奇心萌芽时期。如果到了七八岁还不给予教育，孩子才能延伸的可能性的嫩芽就完全枯萎，这就是才能递减法则的理论。

七田真说："天才的头脑功能来自右脑。左右脑各有不同功能：左脑负责语文、逻辑思考，右脑则以空间形象思考。"

右脑有不可思议的能力，但在成长过程中，这种能力逐渐消失。要让孩子成为天才，当孩子还在肚子里时，可通过母子之间爱的感应来开发孩子的右脑能力。

大部分人都用左脑思考，很少用右脑思考。制式教育强调左脑填鸭式学习，将丧失右脑的能力，左脑抑制右脑，右脑潜能不易发挥。唯有左右脑灵活使用，才可成为全脑开发的人类。

右脑教育是心灵教育，以整体感、协调、梦、和平为基础，通过心灵得到感应。心的教育就是认同、爱、夸赞，给孩子爱心。孩子感受到爱，才有助于右脑潜能开发。

目前日本七田真式教学法有 500 多所学校，七田真式幼儿教育并不是以天才教育为目标，而是以培养孩子拥有一颗充满爱、体贴、积极的心为目标，并将幼儿不可思议的能力引导出来。

蔡志忠表示，吕克·贝松在他的影片《露西》中描述：一个人的大脑潜能开发超过 60%，便有超能力，可以用一致控制一切，为所欲为。潜能开发到达 100%，便成为无所不能的上帝。

心理学家指出："一般人潜能开发大约只到 2%~8%，爱因斯坦也只开发了 12%。"

科学研究报告说："一般人的大脑潜能只发挥不到 10%，90% 的潜在能力都被浪费掉了。"

我们还有 90% 的潜能处于沉睡状态。要想出类拔萃、创造奇迹，光是努力还不够，必须竭尽全力开发大脑潜能。

伦敦大学伯克贝克学院教授莱斯利塔克说："在生命的头两年，脑细胞以令人难以置信的速度生长和发挥影响力，一两岁小孩的脑神经细胞之间的联系，比成年人高出 150%。"

婴儿随着大脑高速发展，智力也高速发展，从婴儿阶段开始，如果环境丰富和教育训练适当，将会获得意想不到的效果。

"给孩子一堆沙或一把小提琴，对他都是一样的。给他沙，他就玩沙；给他琴，他就玩琴。天才来自出生时的环境，什么环境，造就出什么样的人。"蔡志忠说，音乐家里有很多早教成功的案例，很多音乐家出生于音乐家族，从小便培养孩子对音乐产生兴趣。莫扎特、贝多芬等人的才能都是他们的父母实施早期教育的结果。

莫扎特的父亲列奥玻尔特是一位宫廷音乐师，3岁的莫扎特经常看姐姐练琴，从而对音乐产生浓厚兴趣。

有一次，父亲与朋友回到家中，看到4岁的莫扎特正聚精会神地趴在五线谱纸上写东西。

父亲问他："你在干什么？"

莫扎特说："我正在作曲。"

两位大人哈哈大笑，以为这是小孩的胡闹。当父亲仔细看了莫扎特写的乐谱之后，不得了！他相信儿子将来一定能成为出类拔萃的作曲家，便开始指导莫扎特作曲，并带莫扎特到处举行演出。

6岁时，父亲为了磨炼莫扎特的音乐才能，带他遍访欧洲各国宫廷。他们先后到德国、法国、英国、荷兰、意大利等国进行为期十年的旅行演出。为了省钱，整个旅途他们不住旅馆，排练也在马车中进行。莫扎特就在这艰难的环境中创作音乐。

莫扎特的理发师回忆说："帮他弄头发是件很困难的事，他从来坐不安稳，每时每刻都有灵感出现，然后他就会立刻冲向钢琴，理发师只能手里拿着头绳跟在莫扎特后面。"

蔡志忠说："我们很难让一个孩子每天苦练八个钟头钢琴，但对于一个对弹琴着迷的小孩来说，一天 24 个小时，他的心的焦点都完全对准音乐。"

6. 蔡氏早教 12 法

蔡志忠认为，对孩子的早期教育非常重要，他甚至总结整理了 12 个步骤，供家长们参考：

1. 妈妈确定怀孕之后，先替孩子取个小名，妈妈随时抚摸肚子叫他的名字，每天早晚各跟他说话一次，通过母子之间爱的感应，开发孩子的右脑能力。平时多听一听莫扎特的音乐，挑一些反复听，一直到孩子出生。之后慢慢再换其他的莫扎特音乐。

2. 让孩子从婴儿时期起就与广阔的天地结下友谊。孩子满月后，经常抱出去散步，让孩子欣赏大自然的美。告诉他周边一切，从单字慢慢过渡到双字：花、草、树、猫、狗、云、鸟、家、鸭子、小鸡、天空、玩具、妈妈、爸爸……

3. 孩子满月后，开始教他讲简短完整的整句话："现在是宝宝吃奶的时间了。""宝宝吃饱了，是乖乖睡觉的时间了。"重复再重复，不断重复之后，孩子慢慢会懂，也会咿咿呀呀地模仿学习。

4. 孩子 6 个月大能坐时，给他看花卉、昆虫、鸟类等，动物图册，爸爸妈妈一边用手指指着图，一边告诉他每个图片的名字。还要继续听莫扎特的音乐，播放时告诉他每首歌曲的名称。

5. 孩子 1 岁时，开始给他读绘本，一边让孩子看图画，一边讲故事给他听。虽然他不一定听得懂，但是听很多次之后自然慢慢产生兴趣。

6. 1 岁半之后，买一台小钢琴或电子琴，在每个音符上贴上七彩颜色，然后教他弹琴。制作 ABCD 等 26 张英文字母卡片，先教字母再组合成单词，教英文。学中文先教汉字，以中英文儿歌为载体学习语言。

7. 跟孩子一起看有文字和插图的童话书，讲故事给他听，之后让他自己看。他有文字不懂时，耐心跟他仔细说明。在亲子游戏中唤醒孩子与生俱来的巨大潜能，并使亲子之间的爱愈加深厚。

8. 如同费曼的父亲带他去散步，教孩子沿路所看到的一切事物，用火柴盒教孩子数学一样，引发他对数学的兴趣。用扑克牌跟孩子玩记忆游戏，培养孩子的记忆力，让他在寓教于乐的快乐体验中迅速成长。

9. 跟孩子一起看探索频道和美国国家地理等纪录片节目，引发他对世界万物的兴趣，给他一本图文并茂的百科全书，让他自己读。

10. 让孩子接受心灵教育，每天至少跟他讲一个故事。重复讲同一个故事也无妨，孩子喜欢听他自己很喜欢的故事，无论已经讲过多少次，他都爱听。孩子听过 1000 个故事之后，他的表现绝对会让你刮目相看。

11. 每讲完一个故事，要问孩子将来想要当什么样的人。及早让孩子有人生的目标，选择自己的人生之路。不要为孩子设定成长标准，接受孩子最自然的状态。

12. 买很多绘本让他自己看，引导孩子找到他最爱的焦点，并替孩子准备他所需要的一切。认同孩子的优点，鼓励他、夸奖他。

当然，蔡志忠也补充道，只培育聪明的孩子并不够，孩子的心灵素质才是最重要的。

七田真曾说过："孩子不乖时，父母要紧紧拥抱孩子，告诉孩子我爱你。多拥抱孩子，肯定、赞美孩子，有助于培养孩子的自信心和良好行为。"

心的教育就是认同、爱、夸奖、支持，妈妈真心爱孩子，孩子感受到妈妈的爱，才能培育出美好的心灵。

第 **5** 章

帮孩子及早找到人生的
那把刷子

人没有梦想，如同蝴蝶没有翅膀。

每个人要思考找寻自己，找寻自己的梦。

每个人应完成自己的梦想，走出自己的人生之道。

——蔡志忠

不久前，我再一次来到杭州西溪湿地，参与一档关于蔡志忠老师视频节目的录制，再一次跟蔡老师进行了一些教育话题的讨论。

我问蔡老师："您认为现在的孩子最大的问题是什么？"

蔡老师毫不犹豫地说："没有目标！没有梦想！"

蔡老师目前还担任着中国美术学院的博士硕士生导师，平时还会定期给学生上课，

人没有梦想就像蝴蝶没有翅膀

经常会和当下的年轻人交流。在谈到如今年轻人的生活状态时，蔡老师忍不住有些忧虑："很多孩子没有目标，没有梦想，沉迷游戏，让人担心。"

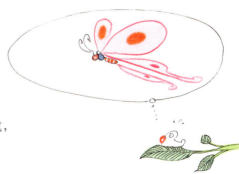

"最正确的教育是——帮助孩子及早找到自己的兴趣与才华，引发孩子独立思考，乐在其中地把与众不同的个人能力发挥到极致。"

1. 一个 3 岁半小男孩的人生焦虑

> 人生最重要的两天是出生的那一天，和明白自己将来要成为什么的那一天。
>
> ——蔡志忠

"我们打开门，是知道自己要去哪里的，我们开车上高速公路，是知道目的地的。

"然而人生这么重大的旅程，竟然 99% 的人都不清楚自己的人生目的地……

"选择自己最拿手最喜欢的事，把它做到极致，无论做什么，没有不成功的啦！

"我从小就选择自己最拿手、最喜欢的漫画作为我的职业，由于太爱自己的专业，最喜欢一再完成事情。因此我从小便养成规律的生活，天黑了就睡觉，每天只睡 4 个小时，清晨 2 点之前起床，一天工作超过 16 个钟头，一年创作 365 天。

"很多人夸我很认真，我总是回答说：'认真才怪！虽然我一生做了很多事情，出版了很多漫画，但我从没工作过，而是在享受。'

"能一生都做自己最拿手最喜欢的事，是人生中最幸福的事，无论工作多长多久，永远都不累！"

15 岁从事漫画至今近 60 年，蔡志忠依然兴致勃勃、乐在其中。

曾有记者这样问他："如果时光能倒流，你会不会改变初衷，改行从事别的行业？"

他回答说："开玩笑，请问世间还有什么比美梦成真更让人快乐的呢？"

蔡志忠说自己从 3 岁半开始思考自己的"人生目标"，尽管这在很多人看来太不可思议了，但当你听完了他的故事，便会有不一样的认识。

我出生于台湾中部一个靠山的名叫三家春的小村庄，村子里最有钱的是拥有十几甲①水田和三个老婆的乡长施番薯。第二有钱的人是村长或碾米工厂、小杂货店老板。其他农民平均一户人家至少必须耕种一甲水田才能勉强维持生活，只有旱地、山林地的村民必须夫妻都打零工才能维持最低水平家计。

然而没什么经济产值的乡下，打零工的机会不多，因此 80% 以上的男人都到台北当工人干粗活，帮人盖房子挑砖头、铺路、运货。小孩小学毕业后，如果没继续求学，几乎全部到台北的盖房子的包工队、水电行、木匠、餐厅、搬运公司当学徒。

在贫穷乡下小孩中我比较异类，我一出生就受洗，1 岁开始到村子的教堂上道理班，听老传教士解说《圣经》，从创世纪到耶稣复活。

①　台湾地区计量田地面积的单位。1 甲约为 14.55 亩。

3岁半时我会背很多经文，通过口试正式成为天主教徒。这时的我——大脑里有100到1000个圣经故事，有50到100个厉害人物，例如摩西可以施展超能力，让瞎子重见光明、令瘸子走路、分开红海……诺亚能制造一艘大方舟，耶稣有超能力，能以两条鱼五张饼喂饱三千个信徒……而我蔡志忠什么都不会，我的内心感到非常惶恐。

　　有人常常问我：一个3岁半的乡下小男孩会为未来的人生焦虑，这有点难以置信。可是这在20世纪50年代的台湾乡下可一点也不奇怪。那时候对乡民而言，读书只是个识字工具，学而优则仕的途径并不如子承父业来得实际。我们村子里任何一个3岁半的小孩都非常清楚他将来要干什么——拉车的小孩要继承父亲拉车，耕田的孩子将来要犁田，铁匠的小孩将来要去打铁。而我的父亲是乡民代表会秘书，我不能说我将来要继承父亲当乡民代表会秘书。人人都能子承父业，只有我不能。

　　因为我小时候比较瘦小，我妈妈常常跟我开玩笑说："你肩不能挑担，手不能提篮，长大以后能干什么？将来恐怕只能背个篓子到马路上去捡牛粪。"当时在台湾乡下，那些没有生活能力的断手瘸腿的人才会以捡牛粪为生。

　　"我才不要捡牛粪！我才不要捡牛粪！"我总是略带生气地回答。

　　本是一句玩笑，却让我小小的心灵感到惶恐。我不想去捡牛粪！也不能去捡牛粪！

　　于是从3岁半我就开始思考，到底我将来可以做什么？要靠什么谋生？想要成为什么？

　　白天，我常常躲在父亲的书桌下思考，又怕家里人以为自己神经不正常，还把凳子抽回去。晚上藏在被窝里思考。

　　春夏秋冬，整整一年都在想，想知道自己将来可以做什么，会什么，能成为什么。

4 岁半那年，父亲送给我一块小黑板，教我写字。这块小黑板也成为改变我人生的一项重要道具——从它身上我找到了自己的人生之路，那就是画画，我很爱画，很会画，而且画得还不错。于是那个时候我便立下志愿——只要不饿死，我就要画它一辈子。

如今，我已年过七十，我的一生也如 4 岁半的誓言一样，过着极简朴的生活，一生从事动漫工作。回顾过往：对于一个来自贫穷乡下，完全没有家世背景、没有学历文凭、没有任何人脉的 15 岁小孩到经济繁荣的大都会，如何凭一招半式一把刷子闯荡江湖？如何活出自己，把自己的一生安排得恰如其分、走自己的人生之道？

答案就是——

要及早了解自己，发现自己的兴趣和专长。

蔡志忠始终坚信：每个人无论出身如何，只要真切地了解自己，便能主宰自己的一生，走出一条属于自己的人生之路。

4 岁半时，父亲送给蔡志忠一块小黑板。这个小黑板和如今常见的木质黑板不同，是由一片磨平的灰色石板在四周镶上木头边做成的。画笔是一截石头，写在石板上的颜色是白色，可以用布擦掉。

蔡志忠从小就不太喜欢和同龄人玩，然而那时还未上学，也没有特别的事可做，所以常觉得生活很无趣。可是自从得到这块小黑板后，遮住多彩世界的帷幕似乎唰地一下子被拉开了，他的心也被一波又一波的惊喜所充满——原来绘画的世界这么宽阔，脑中构思的线条图案，通过这支石笔表达出来的过程，又是多么有趣多变。

小黑板成了他抒发情绪的主要渠道，点缀生活的最大法宝，也是驱使他走上漫画这条路的原动力。也是这块小黑板，让他找到了自己的人生之路。

他发现自己有画画的天赋，他很会画，很爱画，也画得很好。于是便立下志向："只要不饿死，我要一生一世永远画下去，一直画到老、画到死为止。"

但是当时并没有画家这个职业，比较接近的工作是画电影广告招牌。4岁半的蔡志忠笃定地告诉自己："长大后，我要画电影广告招牌！"

关于儿时的梦想，还有一件童年往事让蔡志忠一直记到今天。

在他还上小学的时候，有一年暑假，在高雄电讯局上班的大哥带着家人返乡探亲。大哥比其他兄弟姐妹年长很多，他的两个儿子和蔡志忠年纪相仿。

一天父亲看着正在玩耍的三个男孩，走过去问他们："你们长大以后想要当什么？"

大哥的大儿子指着墙上穿军装佩军刀的将领照片说："我长大以后要像他一样。"

"有志气！"父亲说。

大哥的二儿子说："我长大以后要当警察。"

"好神气！"父亲又说道。

轮到蔡志忠了，他平静地说："我长大后，要画电影广告招牌。"

父亲这次沉默了，什么也没说。

蔡志忠告诉我："当时父亲的沉默让我有些不知所措。我那时有些敏感，我一直在想，是不是父亲听了我小小的志向感到有些失望？但长大后，当时的三个男孩子中，只有我的理想靠自己真正实现了，而且稍微提高一点点标准——成为一名漫画家。"

台湾有一句俚语："一株草，一点露。"清晨薄雾散了，地面无论大草小草，每株草尖端都有一滴露珠。这句俚语意思是：天地是公平的，任何人只要努力守本分，都有一口饭吃。画电影广告招牌对当时一个爱画如命的小孩来说，可以说是在小镇能找到的最理想工作。蔡志忠的人生理想可以说非常务实。

蔡志忠说，科学证明成就与确定目标的年龄成反比！越早选择人生目标成就便越高。

莫扎特 5 岁时，已经是欧洲杰出音乐演奏者；9 岁时，便创作出很多知名交响乐。

牛顿 23 岁时，发现万有引力、光学理论和发明了微积分。

高斯 9 岁时，便写出数学的连续和公式，与阿基米德、牛顿同为世界三大数学家。

纪伯伦 19 岁时，以黎巴嫩语出版了享誉世界的名著《先知》。

爱因斯坦 26 岁时，发表了相对论、光电效应、分子的布朗运动等惊动物理界的五篇理论。

海森堡 23 岁时，发表量子力学的测不准原理。

史蒂文·斯皮尔伯格小时候便对电影有兴趣，12 岁生日那天，他父亲送给他一架袖珍摄影机，这使他对拍电影更为着迷。

美国古生物学家古尔德 4 岁时，梦想当一名垃圾工。他说："我爱听罐头瓶的噼啪声和压缩机的轰轰声。当时我想把纽约的全部垃圾都挤压在一辆大卡车中。"5 岁时，父亲带他到美国自然博物馆参观恐龙展览，因此改变人生梦想。古尔德说："当我站在霸王龙面前时，人显得是那样渺小。我惊呆了，但是这个巨大的动物不能活动，只是一堆硕大的骨头。我离开时宣布，我长大后要做古生物学家。"

阿诺·施瓦辛格是世界著名的健美运动员、好莱坞影星，也是两届高票连任的加利福尼亚州州长。他曾在一次公开演讲中分享了自己职业生涯中的故事。关于人生和成功的感悟，他用自己走过的路告诉我们理想与目标究竟有多么重要：

在大学里，我每天训练五个小时。同时还在工地里干活，因为那时候做健美的根本没有钱。我没有钱去买食物或其他东西，我不得不去工作。我在工地里干活，去大学的健身房健身，从晚上 8 点一直到午夜 12 点，每周还去上 4 次表演课。我做了所有的这些事情，没有浪费任何一分钟，这就是我今天能够站在这里的原因。

20 岁的时候我去了伦敦，赢了宇宙先生的比赛，成为史上最年轻的宇宙先生。这是因为我一直有这样一个目标。如果你对于自己要去哪儿没有任何想法，不知道自己的目标是什么，你将四处漂泊没有终日。

74% 的美国人讨厌他们的工作，大多数人并不喜欢他们正在做的事。因为他们根本不是真正地在"做"，因为他们没有目标也没有努力朝着它奋斗，他们只是毫无目的地漂泊。遇到一份现成的工作时，他们就拿到了一份工作，仅仅是出于需要。但真的开始做时却发现它只是乏味琐事，只是工作，毫无趣味。所以你想想看，只有1/4的人真正在生活中享受他们的工作啊。

人们经常问我，当他们看到我在健身房里没日没夜地健身时，他们问我为什么这么辛苦地锻炼，一天五六个小时，脸上还一直挂着微笑？那些和你一样辛苦的人，他们的脸上却写满了痛苦，为什么会这样？

我每次都这样告诉他们，因为对我来说，我在追逐目标。在我面前的是"宇宙先生"的称号，所以我做的每一次训练都让我离实现目标又近了一点，我要让这个目标这个愿景变成现实。我做的每一组练习，我举起的每一次重量，会使我离把目标转化为现实更近一步。

因此，我等不及想做下一次500磅的深蹲，我等不及想做下一次500磅的卧推，我等不及想做下一次2000个仰卧起坐，我等不及想开始下一次训练。所以我告诉你，设想你的目标并且追寻它真的很有趣，你需要一个目标，无论你在生活中做什么，你必须要有一个目标。

登山能攀顶的人，通常不是走得最远、最快的人，而是在第一时间就确定目标，并且分分秒秒都朝着目标逼近的人。

目标与方向主导了生命的命运与成就，它是驱使人生不断向前迈进的原动力。若一个人心中没有一个明确的目标，就会虚耗精力与性命，就如一个没有方向盘的超级跑车，即使拥有最强有力的引擎，最终仍是废铁一堆，发挥不了任何作用。

蔡老师对我说，有一次在北京，新东方教育集团董事长俞敏洪请他吃饭，在去餐厅的路上，俞敏洪指着山上一栋建筑物说："我大三时

规划自己的人生蓝图

因为肺结核，在山上这家医院待了一年，也让我思考了一年。我想通了一个关键就是：不要跟人家比成绩，也不要跟人家比文凭，而是要想通自己将来要做什么。"

　　俞敏洪是极少数毕业后没有出国留学的北京大学英文系学生，因为他已经找到了自己的人生之路，就是创办新东方。自创办新东方开始，俞敏洪便创造出了一系列的"新东方神话"。俞敏洪更是被媒体称为"中国的留学教父"。

蔡志忠说：

只有死鱼才随波逐流，会思考的鱼总是先问自己要游去哪里。
寻找生命的挚爱，然后无悔地朝向自己的目标前进。
我们成为什么是因为我们有梦想，人因为完成梦想而成就自己。

"现在的年轻人，每天在网络上看到很多成功的人。他们就会觉得如果你不创业，你不去拿个风投，你不上市，就是不对。对此，您怎么看？"

蔡志忠说："其实台湾跟大陆一样，你拿个麦克风出去问：'请问你最想当谁？'大陆的话，他一定说想当马云，台湾的大部分人一定说想当郭台铭。但是很多人不知道郭台铭会英文，精通半导体，而他自己什么都不会，他只想要郭台铭最后的那个钱，那不是缘木求鱼吗？"

如果你意识到了，虽然我一无所有，但我的英文比马云厉害，执行力比马云厉害，我什么都比马云厉害，我有一天要超越他，这样就对了。现在的很多年轻人没有先度量自己的筹码，只是期望向最高的那个目标看齐，那样是不可能达成愿望的。

因此，一切就是从根本做起，由自己的脚跟出发。无论我们筹码有多少，你只要有一个想法，然后知道自己可以在几年之间把这个想法落实，就可以了。

2. 很小就思考这辈子要拿什么混饭吃

> 人生是一件非常简单的事，但你要清楚你要做什么。
>
> ——蔡志忠

1957 年，蔡志忠 9 岁，读小学三年级，这一年发生了很多事，也

是他一生中重要的一年。

这一年，村子里新开了一家杂货店，店内墙上挂了好几本漫画，小朋友只要付一毛钱便可以抽奖。这是他第一次看到台湾本地原创出版的漫画书。隔几个星期他到教堂做弥撒时，才发现到处都有街头漫画出租摊，通常漫画出租摊都摆着简易书架，上面摆满了各种漫画杂志，看一本漫画要花两毛钱，旁边的小凳子上则永远坐满了看漫画书的小朋友。

此时的台湾席卷起一股漫画风潮，《漫画大王》《漫画周刊》《学友》《模范少年》等漫画周刊大受欢迎。诸葛四郎、阿三哥、大姊婆、义侠黑头巾、吕四娘、孟丽君、小侠龙卷风、仇断大别山等很多漫画主角人物成为孩子们心中的偶像，蔡志忠当然也是漫画的超级粉丝。

这一年，漫画迷蔡志忠改变了原来画电影招牌的梦想，他决定长大后要成为一名职业漫画家。当时所出版的漫画都是台湾原创，没有日本少男少女漫画风，也没有模仿超人、蜘蛛人的美国漫画风格。

立志当职业漫画家的蔡志忠利用一切可以画漫画的时间，不分场合，纸上、墙上、书上都成了他创作的地点，就连学校的课本也没能"幸免"——课本空白的地方被他画满了各种漫画人物，他还在每一页的左右下角画简单人物连续动作，高速翻阅时就变成动画。上自习课的时候，老师有时从后面走过来，他经常吓得手忙脚乱，因为书上几乎找不到没画漫画的空白页。

蔡志忠至今记得当时最爱看的是《农友月刊》里杨英风的农家漫画，

最喜欢的杂志是《侦探》《小说侦探》两本月刊。每当拿到书时，他会先看配有插图的那几篇小说，当时还差一点想将志向由当漫画家变为当侦探，因为他常常在看侦探故事发展到一半时，便能猜出凶手和故事的后续发展与结局。但考虑到自己又瘦又小，拳头不够硬，不能跟坏人打架，没有能力制服凶手，当侦探的梦就烟消云散。他也自己编故事，也常将自己所编的故事讲给妈妈听。

老师一席话改变人生轨迹

蔡志忠小学阶段是个品学兼优的好学生。参加初中联考，是全校唯一考取省立彰化中学的毕业生，是全村的骄傲。当时看来，他继续读完高中、大学是顺理成章的。但是初中一位老师的一席话让蔡志忠彻底改变了人生轨迹。

初中二年级的班主任名叫黄界原，是一位刚从师范大学毕业的年轻老师。

第一堂课，黄老师走进教室一句话也没说，便在黑板上写了一句话："老黄卖田，给孩子念书。"

他又马上将字擦掉，然后有感而发地对班上同学说："读书并不是人生唯一的道路，也不是每个人都能从读书中获得好处。我父亲辛辛苦苦供养我到大学毕业，现在我当老师一个月薪水才638台币。而我有个同学只念到小学，在台北龙山寺旁开水果店，一天就能赚300台币。每个人现在就要思考将来要干什么？当你已经决定了自己的人生之路，现在就可以开始做了，千万别等到念完所有的书，大学毕业后才去做！"

黄老师的话像在对差学校的学生说的，对蔡志忠所在的台湾中部一流学府——省立彰化中学的学生说这种论调确实有些奇怪。虽然黄老师以赚钱多寡来衡量成就的说法，蔡志忠并不十分认同，但他鼓励学生及早寻找自己的人生之路，给了蔡志忠很大启发："我可以现在就开始画漫画，不用等到初中毕业啊！"

黄老师的这番话让蔡志忠下定决心：只要有机会成为职业漫画家，便不惜一切代价去实现自己的梦想。

于是，他开始为自己的未来着手准备。过去他所画的都只是实习作品，此后他便以职业漫画家的标准来画漫画。例如：使用正确的漫画稿纸、沾水笔、鸭嘴笔，用铅笔在漫画稿纸四周写漫画对白。当他第一次将四页漫画寄给台北漫画出版社投稿时，出版社看了画稿误以为他就是个职业漫画家。

人想成为什么，便要做得像什么！

打从人一生下来，人生就已经开始了，没有所谓的实习阶段。人生不是演习，任何时期都是真实人生的实况转播。

人生道路有千千万万条，但命只有一条。如果我们如实找到自己，快乐做自己，努力、毅力、坚持、奋斗这些名词便不存在。

"爱唱歌的鸟在唱歌，何曾努力？"所有一切创造都是想象力与执行力的结合。

在蔡志忠身上，你能感到一种满满的自信，甚至有些狂傲，但又不得不承认他有资格为自己的成就感到自豪。他经常对人说，一个人一定要对自己所热爱、所从事的事情充满信心。

如果连自己都不热爱自己所从事的事情，如何获得别人的认可和热爱？

在蔡志忠的书里，有这样一则故事：

曾经有一块冰，在遥远的撒哈拉沙漠被灼热的太阳融化成一块小小的冰块，而这个冰块曾经对自己感慨道："沙漠是冰的地狱，北极才是冰的天堂。"

而沙子对冰块说："冰块在沙漠里面才是最珍贵的东西，如果你去到了北极，你才什么都不是。"

25 个字的告别

蔡志忠小学毕业，成为全校当年唯一一位考上了省立彰化中学的学生，父亲特地为他买了个白书包，书包正面以正楷大大地写着"省立彰中"四个字。他觉得很不好意思，每天上学都反背着，生怕别人误会自己故意炫耀。

彰化中学是一所没有围墙的学校，校长翁慨是一个倡导自由思想的人，他很崇尚北京大学校长蔡元培的治校理念，认为品德教育比学科教育更重要。蔡志忠在这里经历了人生的重要转折。

初二的暑假，在家闲来无事的蔡志忠画了四页漫画，寄到台北一家刚成立不久的小出版社——集英社试试运气。

没想到，一个星期后，他居然收到了出版社的回信，上面写着："如果你现在能够来台北画漫画的

话，我们邀请你到本社，当正式漫画家。"

那天下午，蔡志忠迫不及待地告诉妈妈自己的决定："妈妈！明天我要去台北画漫画了。"

母亲说："你走之前，要先去告诉你爸爸。"

当天晚上吃过饭之后，父亲如往常一样坐在室外走廊的藤椅上看报纸，蔡志忠走到父亲后面说："爸爸，明天我要去台北。"

父亲问："去干吗？"

"画漫画。"

"找到工作了吗？"

"找到了。"

父亲头也没回，只说了一句话："那就去吧。"

短短四句对白，25个字。父亲没回头看他，他也没走到父亲的前面。

多年后，在台北打拼成功的蔡志忠获得了台湾地区十大杰出青年奖，上台致辞时，他这样说道："今天能得这个奖完全要感谢我的爸爸，他没让我去读数学补习班、英文补习班，也没要我去替他完成一生未完成的愿望，而是让我选择做自己。"

15岁离家，台北寻梦

1963年7月15日早上，带着简单行李和家人给的250台币，蔡志忠搭火车离开了家。

火车渐渐启动离开站台，载着他开往未来，走到最后一节车厢，望着往后退的铁轨和渐渐远去的家乡景色，他在心中大喊：

再会吧！我的故乡，再会吧！我一定要在台北闯出一片天地！

情境宛如林强的闽南语歌曲《向前走》的歌词：

火车，渐渐在起行（启程）

再会，我的故乡和亲戚

亲爱的父母，再会吧

到阵（一起）的朋友，告辞啦

阮欲来去（我要前去）台北打拼

听人讲啥物好空的拢在那（听人说什么，有钱的都在那）

朋友笑我是爱做暝梦（白日梦）的憨子（仔）

不管如何，路是自己走……

车站一站一站过去啦

风景一幕一幕亲像（好似）电影

把自己当作是男主角来扮（表演）

云游四海可比（何必）是小飞侠

不管是幼稚也（还）是乐观

后果若按怎自己就来担（后果就怎么样自己要来承担）

原谅不孝的子儿（儿子）吧

趁我还少年（年轻）赶紧来打拼

……噢！向前走……

台北台北，台北车站到（达）啦

欲下车的旅客请赶紧下车

头前是现在（现代）的台北车头

我的理想和希望拢在这（都在这）

一栋一栋的高楼大厦

不知有住多少像我这款（样）的憨子（仔）

卡早（之前）听人唱台北不是我的家

但我一点拢无（都没）感觉……

望着早已看不到的故乡，蔡志忠泪流满面，分不清是告别故乡的离情，还是朝向梦想的喜悦。但能确定的是自己内心那股永不回头的绝情。

回忆起往事，蔡志忠依然非常激动："在20世纪60年代的台湾，15岁离乡到台北并不特殊也不奇怪，村里的农家孩子往往小学一毕业，便到台北当童工或学徒。

"三毛念北一女初二便离开台湾，浪迹天涯写《撒哈拉的故事》。

"作家李昂初二便开始写她的第一本小说《花季》。

"武侠大师古龙在台湾淡江大学外文系读大一时，便开始写武侠小说《苍穹神剑》。

"在那条件匮乏的年代，大家都来不及长大，谁都没有背景与家庭支持，每个人都知道——一切要靠自己，亲自主导自己的未来！"

四个小时车程，抵达台北已是黄昏，走出火车站，没几分钟就到了目的地。三轮车夫按着地址，在一家门口停下来。付过三轮车车资，蔡志忠拎着皮箱透过稀疏的竹围篱往里面望去，是一间日式简朴的平房。

按了门铃，一位高壮二十来岁的男人来开门："你找哪一位？"

"我是从彰化来画漫画的蔡志忠，你们写信希望我来工作的。"

"你看起来好小，今年几岁？"

"今年15岁。"

老板看着比皮箱没高出多少的蔡志忠，问道："你寄来的漫画看起来很成熟，没想到你是个小孩子。"

月薪300台币，提供吃住，分配了画画的工作桌，蔡志忠被安置到约六平方米的小卧房，里面摆了两张双层床，四个小漫画家挤在一起睡觉。

第二天早上四五点钟，从乡下清晨鸡鸣狗吠声，变成了都市卡车行驶声与喇叭声中醒来，蔡志忠蒙眬中突然意识到自己已经不是个乡下寻梦的孩子，而是美梦成真的漫画家了。不由得心中高兴地大叫："哈哈哈！我成为职业漫画家了，我是漫画家了。"

从此以后，他展开了自己小小漫画家的职业生涯。

蔡志忠常说，每个人要提早想清楚自己将来要做什么，不要等到所有学业都完成了才决定自己要做什么，那个时候已经太晚了。

所以，做一件事，最好的办法就是，从很小就开始思考你这辈子要拿什么混饭吃，思考你人生的"那把刷子"是什么。

3. 让孩子做自己最拿手、最喜欢的事

狂热比努力更重要，努力需要毅力来支撑，但是狂热能让人乐此不疲。

——蔡志忠

有记者采访蔡志忠时，曾经提出过一个问题："一个台湾乡下的小男孩，是如何变成令人羡慕的漫画大师的？"

蔡志忠笑着答道："一点也不难，就是做他自己最喜欢的事。"

"可能很多人误以为一辈子很长很长，认为自己这辈子没有干好，下辈子可以重新来过，其实真的不是这样，人的一生非常短暂，在整个历史长河之中，甚至不如一粒沙子，微乎其微。我会在 4 岁半的时候非常惶恐，就是因为我要想清楚，在自己有限的六七十年或者七八十年的时间里，到底要做些什么。"

蔡志忠常常说，一个人要把自己活成最重要的。

而作为父母，要帮孩子及早发现自己。

蔡志忠在女儿很小的时候就不停地问她："你长大以后想要做什么？"

女儿想了想说："我不要做漫画家，做漫画家一点也不好玩，因为爸爸总是躲在房间里不出来。"

"那你要做什么？"蔡志忠笑着继续问。

女儿想了想说："我要做设计师。"

"设计什么？"蔡志忠穷追不舍。

"为什么汉堡一定是圆的？为什么三明治一定要做成三角形？我要设计不一样的东西。"

这样的回答让蔡志忠很欣慰，他说："世界上没有什么东西是不可以创新，不可以改变的。"

"我和女儿说，我们最终只是拿一把刷子混饭吃，不用同时学六把。你不必行行都会，但是做一行就要努力做这行中的第一。"蔡志忠说，"无论我们学习多少科目，最后也只是拿一把刷子混饭吃。"

蔡志忠强调，一个人要想不失败，最重要的是要了解自己，越早知道"我是谁"，"我能做什么、不能做什么"，越可能远离失败。因为"把自己最擅长的事，做到最极致，就会很成功、很有名、很有钱。成功，只是随之而来的'副作用'！"

而在了解自己的长处与限制后，蔡志忠指出，还必须明确目标，并且分分秒秒都朝着目标逼近。只可惜，大多数人一生都在"装睡"，也就是什么都没有做，却一直妄想好事会自动发生。"如果你不想失败，一定要从装睡中醒来，一定要做好所有准备，并付诸行动！"

①什么样的人叫不醒？
②装梦的人是叫不醒的！
起床啦！
完成梦想其实很简单
从梦中醒来，用行动具体落实

"成功需要客观的条件，但失败往往80%是自己的原因。"他强调，人贵自省，知道"我是谁""我从哪里来""我要去哪里"，才能知天知地、知己知彼、知变化。

他举例说，很多人常常讲自己多爱画画，多么喜欢音乐，等等，但因为家里的期待或为了现实因素，只好"被迫"从事一份自己不感兴趣的工作，这在蔡志忠听来，都是"不够爱"。

他说，以爱画画为例，只是为了谋生而画，跟没画会死，极其不一样。他反问："想想看，小鸟何尝为了什么原因而唱歌？一个说自己很爱画漫画的人，画不画跟有没有人刊登发表，又有什么关系？关键在于，你够不够爱它，爱到可以无怨无悔地一直做下去。"

"只要是锥子一定会跑出来！"蔡志忠深信，每个人都恰如其分地扮演自己最擅长的角色，就是最成功，"让鱼当鱼，让鸟当鸟，因为天性不一样。会飞的鱼绝不是鸟，在鸟的眼里，那怎么叫飞，不过是跳跃罢了。"

就像他曾在旅居加拿大温哥华时买过的一副对联所写："海是龙世界，云是鹤家乡。"每个人有每个人的天堂。

蔡志忠认为，在清楚了解自己后，接下来最重要的事是必须立定明确目标，且分分秒秒只朝这个目标靠近，才不会让无关紧要的事岔开分散了努力的方向，也才能确保远离失败。

他举例说，他23岁时想成为动画导演，每天午休时他都不睡觉，全部时间拿来画漫画、写剧本、编故事，后来果然有机会，拍了日本芥川龙之介原作《杜子春》。可见"如果都准备足了，怎么会失败？"

一般人从小都被教导要立大志、做大事，但大志或大事的目标其实都不明确。蔡志忠认为，全力以赴，就是做大事，当目标一旦明确，人就无路可逃了。

蔡志忠

蔡志忠说：我的人生中，很少有迷茫度日的时候，即使在最该迷茫的青春里，我也目标清晰。

4. 把自己摆在对的位置，没有不变成蝴蝶的毛毛虫

爱唱歌的鸟在唱歌，何曾努力？

——蔡志忠

我们通常以为努力就会有成就，蔡志忠也认为"那是骗人的"。他不是叫人不要努力，而是要有目标及方法。采取行动以前，必须先会

思维，才不会失败。正是"多算胜，少算不胜，而况无算乎？"

他进一步解释，这就像攀登喜马拉雅山成功的人，从来不是走得最远、最快的人，而是在第一时间就确定目标，并且分分秒秒都朝着目标逼近的人。但要确定目标前，必须先知道"我是谁"，有什么条件，才去确立那目标，否则那目标是假的。

目标明确后，行动要有节奏、要有决心，就像《孙子兵法》"军争篇"所说："其疾如风，其徐如林，侵掠如火，不动如山，难知如阴，动如雷霆。"只是一般人多半是很认真，却不懂快慢节奏的时机判断与拿捏。

"针对单一目标，成功只有一条路，但失败有100万条（路）。"蔡志忠也指出，人会失败是因为准备不足，一招半式就想闯江湖，遇到险恶无法应对，就只能使出"失败给你看"这一招。

一个人若不认识自己的底线前就贸然挑战，必然要吃失败的亏，而人一旦习惯失败，就会习惯负面思考，所以，他奉劝想要成功的人，千万不要受常常失败的人的负面思想所影响。

对于成败，蔡志忠还有两个透彻的观察及反思：一是一般人为什么"小事易成、大事易败"，二是"为什么别人说No，是我的失败？"。

他从日常生活中发觉，我们做很多小事情时，常常很容易就做得很好，例如挠痒痒，只要身体哪里一痒，就立刻知道恰如其分地把这件事做好。再以外出吃饭来看，口袋里如果只有50台币，就是买一碗阳春面加两颗卤蛋，绝不会做超出自己能力的事。但"为什么面对大型投资或人生重大决定时，就不会想先摸摸自己口袋呢？"结果常落得个兵败如山倒的悲剧下场。

很多人失败在于不了解自己的底线，以为他做得到，但却又停留在"装睡"的空想阶段，什么事都不做，自然不可能达到目标；又或者误以为未来的趋势，会朝着自己所想的方向发展，但事实不然。所以，常失败的人应自我反省："如果我们去市场买菜，去小吃摊吃饭，都可以量力而为，人生的大事为什么不可以呢？"

此外，对很多人来说，自己的提议若被人拒绝，常被视为天大的失败，事业如此，感情更是如此。但对蔡志忠而言，他从来不认为被人 Say No，是他的失败。"如果我确定那件事是对的，我也做了对的事，但对方不答应，我不定义那是我的失败。"

例如年轻时，如果他想追求 A 小姐，他一定第一时间就会表白，不怕她答不答应。相较于很多人通常害怕被拒绝，把别人的拒绝当作自己的失败，以致不敢采取行动。蔡志忠却善于反向思考，他说："她 Say No，为什么不是她的失败呢？二十年后再来看结果吧！"同理，如果他有一个很棒的企划案，却被老板拒绝了，他也不认为这是他的失败。

蔡志忠观察，一个人只要心存失败的想法，执行的时候"手会发抖""上台讲话磕磕巴巴""追女孩子偷偷摸摸"等，成功怎么会靠近？因此，这必须从心理建设做起。

人很容易因为害怕失败，而不能勇往直前，义无反顾。但他打了个比喻：有哪只鸟、

梦想与实践

哪条鱼或哪棵树会怕失败，就不唱歌、不游水、不成长吗？除非是高山的树，硬被移植到盆栽里，逆了天性，否则"只要把自己摆在对的位置上，没有不变成蝴蝶的毛毛虫"。

把自己摆在正确的位置

蔡志忠认为，年轻人最重要的是了解自己是什么。至于如何了解自己，可以从做笔记开始。拿出两张 A4 大小的纸张，每张中间画一条线，一张上面写我会做什么、我不会做什么，另一张上面写我想做什么及我不想做什么。经常思考，就会愈来愈了解自己。

蔡志忠有感而发地说，虽然我们有很多时间，能兑现的只有此时此刻；就算我们拥有再多的房子，自己也只有一个身躯可以居住。把握当下，了解自己，只要是对的事、对的时间、对的路，就要全力以赴去做。

"扮演自己，才是善待自己。"蔡志忠说，虽然云会飘，鸟会飞，水会流，鱼会游，但还是当自己最妙。一个人若能确切知道"我是谁"，并以万全的准备勇往直前、义无反顾地把自己最擅长的事做到极致，"人生又怎么可能失败？"

人生之道有千千万万条，但命只有一条。

如果我们如实地找到自己，快乐做自己，努力、毅力、坚持、奋斗这些名词便不存在。

"爱唱歌的鸟在唱歌，何曾努力？"

5. 多才多艺等于一无是处

学会十八般武艺，哪能跟单项世界第一相比？

——蔡志忠

蔡志忠跟我说起一个故事：

学生说："我会弹三弦琴、作曲、下棋、射箭、骑大象。"

智者说："嗯，的确多才多艺。但多才多艺等于一无是处。"

学生说："为什么老师会这样认为？"

智者说："学习一项技能，要设法使自己成为世界第一。什么都学、什么都会，表示什么都不精。"

大多数人终其一生都是以一把刷子混饭吃，为何从小要同时学十把刷子？

"学习语文、数学、历史、地理、物理、化学、生物、音乐、体育或许是为了发现每个学生的潜能，但连续学了十二年跟将来所做的行业无关的课程，岂不是对青春的一大浪费？"

蔡志忠还经常提起母狮与狐狸的故事：

狐狸取笑母狮无能，笑她每胎仅能生一子。母狮回答说："我是生不出一窝狐狸，可是我生下的是一头狮子。"

贵重的价值在于质，而不在量。学习也是如此，学会十八般武艺，哪能跟单项世界第一相比？

蔡志忠说，奥托·瓦拉赫是诺贝尔化学奖获得者。他刚读中学时，父母为他选择了文学之路。一个学期下来，老师给出的评语是："瓦拉赫很用功，但过分拘泥，难以造就文学之材。"此后，父母又让他改学油画，可瓦拉赫既不善于构图，又不会润色，成绩在班上倒数第一。

面对如此"笨拙"的学生，绝大部分老师认为他成才已无望。只有化学老师认为他做事一丝不苟，具备做好化学实验应有的素质，建议他试学化学。

他和父母接受了化学老师的建议。这下瓦拉赫智慧的火花一下子被点燃了，终于走向了成功之路。

由此我们得到的启示是，每个孩子都有自己独特的天赋，智能发展都是不均衡的。

父母要帮助孩子发现他的优势智能，使孩子的潜能得到充分发挥，便可取得惊人的成绩。

当孩子在某一方面表现不佳时，千万不要给孩子贴上"笨拙"等负面标签，也不要跟别的孩子比较，而是要有耐心和信心，给孩子尝试不同领域的机会。

蔡志忠说："父母是弓，孩子是箭。父母应该帮孩子找到梦想，让他们朝着自己的靶子射出去。如果没有靶子，拉弓有什么用？"

在伦敦时装周上，有一个年仅11岁的小女孩尤其引人注目。

女孩来自泰国，她的身份是国际超模的专业化妆师。这个小女孩有着不简单的经历，从3岁开始，她便对化妆表现出强烈的喜爱。

对此，她的妈妈并没有制止，而是放手鼓励她自由尝试，还帮她在网上开通了自己的账号，定期上传化妆视频。

在这个过程中，出现过各种反对的声音，让女孩一度情绪低落，但妈妈始终坚定地支持她的这个爱好，甚至替她报了职业化妆培训课，让她接受系统而专业的学习。

到 9 岁时，女孩已经成为泰国小有名气的化妆师，许多人慕名而来请她化妆。这还为她带来了财富的积累。

不久前，为了庆祝 12 岁生日，女孩更是用自己赚的钱买了一辆宝马。

小小年纪的她，将兴趣爱好这颗种子小心翼翼地种下，又在母亲精心的呵护下，最终开花结果。

美国教育专家彼得·L.本森博士曾提出过一个概念，叫作"火花"，指的是藏在孩子内心深处的兴趣、热忱或天赋，包括音乐、画画、阅读、搭积木，甚至还有观察大自然或者玩泥巴……

这一切都是孩子蕴藏的巨大潜力，一旦被激发，就能为孩子带来极大的快乐和自信，让他们更具前进的动力与方向。

然而，本森博士的研究指出："仅有 1/4 的孩子得到了充分的发展，大部分家长却没有让孩子的这股'火花'充分燃烧，甚至是完全忽视了它。"

我们不会想到，无论是限制还是阻碍，都可能就此熄灭了孩子的那股火花，埋没了他们的天赋，也剪断了他们腾飞的翅膀。

蔡志忠认为，助力孩子由兴趣走向卓越、因爱好实现梦想，父母应该成为有心者，善于发掘孩子潜力。

微小的火花转瞬即逝，只有被及时发现并好好保护，才有可能熊熊燃烧。

孩子兴趣的闪光点都是有时效性的，一旦错过了就不再。作为家长，不妨做个有心人，及时关注到孩子的兴趣点，用心栽培。同时还要成为引导者，帮助孩子取得成功。

可能有人会说，有些爱好不值得提倡，比如玩游戏。孩子一旦沉迷其中，非但成不了材，还会因此荒废学业，得不偿失。

但实际上，兴趣并没有"好坏"之分。它们对孩子的作用到底是正面还是负面的，关键在于父母如何对待。

印度有一个14岁少年，痴迷于"吃鸡游戏"（《绝地求生》）到废寝忘食。

很多人都以为这个网瘾少年废了。可他爸爸不这么认为，觉得儿子每天玩"吃鸡游戏"，射击能力应该不差，费尽心思地想到了一个办法：送他去射击队。两年后，这个少年真的成了射击选手。

2017年《绝地求生》刚刚上市的时候，还是印度中学生的迪夫杨什－潘沃尔一下子就爱上了这款游戏，成为千万"吃鸡"大军的一员。为了玩游戏，他一度荒废了自己的学业，彻底成了一名网瘾少年。

这要换作其他家长，也许直接没收手机电脑后一顿臭骂，接着就是老鼠和猫的躲藏游戏。

但是潘沃尔的老爸明白这样和孩子对抗并非解决问题的方法。既然孩子喜欢射击，那么干脆就送他去实地射击。于是潘沃尔就这样被老爸送到了射击训练场进行训练，帮助他远离"吃鸡"。

2018年9月，潘沃尔就在国际射联世锦赛少年组的比赛中和队友一起拿到一枚铜牌。

2019年4月，在国际射联北京世界杯暨奥运资格赛中，他作为决赛中年龄最小的选手，在10米气步枪（60AR）决赛夺得银牌，并为印度获得东京奥运会参赛名额。

谈到自己那一段沉迷于"吃鸡"的日子时，潘沃尔自己也有点不好意思，他表示："我以前是很喜欢玩《绝地求生》，但是现在我最爱的是射击。为印度赢得奖牌是我的梦想，我很高兴我做到了。"

对于潘沃尔来说，最应该感谢的是他的父亲。

潘沃尔的父亲在他拿到奥运会参赛资格后表示："我们也曾因他玩游戏而骂他，讽刺他，但是现在看到他在国际射联世界杯中的表现，我感到很欣慰。"

世人看一个网瘾少年，看到的是颓废。而一个父亲对待一个颓废的孩子，却在努力寻求希望。

每个孩子的成长都蕴藏着无限潜力，也包含着无数种可能。任何领域他们都可以尽情探索，任何惊喜他们都能够去勇敢创造。因势利导、化堵为疏，聪明的父母总是会将孩子的兴趣爱好变为成长路上的催化剂，而不是绊脚石。

曾听过著名青少年教育专家陆士桢教授讲述自己儿子的故事，她说自己曾经是一位"差生"的妈妈，虽然一直没能盼到儿子学业上的"成功"，却也收获了不一般的奇迹。

我儿子上学时成绩极差，我和儿子之间常常上演这样的经典对话——
"你考得怎么样？"
"还行。"
"什么叫还行？"
"后边还有仨。"
那时候，去参加家长会，我和老公常常挨批。

儿子上完初中，我准备动用关系把他送进高中。说实话，作为一个高级知识分子，如果自己的孩子上不了高中、考不上大学，我的脸面上也挂不住。可儿子的一句话就把我噎了回去："你看起来是为我好，其实是为了你自己的脸面。"最后，我决定放下脸面，去主动和他沟通。

我们全家在一起讨论，儿子的出路在哪里？儿子告诉我，他喜欢绘画，想学艺术设计，还让我帮他找老师。最终，我们选择让他读中专。我发现，确定目标后，儿子不仅有了学习动力，还主动让我帮他找绘画老师。

中专三年级时，突然有一天儿子和我说，他想要考大学。我当时还嘲笑他："你还上大学呢，写十个字都能错三个。"但没想到他真的很努力，下了很大功夫，不仅考上了大学，还超出当年的艺术类分数线100多分。

后来，儿子又提出要出国留学，学电脑动画制作，拿了一个北美和全世界通用的电脑动画设计师的职业证书，从事自己喜欢的事业。

很多人和我说："你们家有两个奇迹，第一个奇迹是你儿子能上大学，因为谁都知道他的成绩差。第二个奇迹是，你儿子差成这样，你难道不焦虑？"我回答他们："就因为我不焦虑，他才能考上大学。"如果说，当年我执意要送他上高中，结果可能是孩子极度不适应、反叛，反而发展不一定好。

孩子成绩不好，我也不是一点不着急。但我很清楚，一味地督促、逼迫，肯定不管用。我一直坚持把孩子看成能动的、有潜能的、独特的主体，让他慢慢来。孩子只有找到了学习动机，发自内心地愿意去学，才能真正地投入。此外，我也发现儿子有自己的兴趣爱好，上算术课，他的课本上常常画满了同学的背影、小辫，惟妙惟肖。我认为，每个孩子都有自己的潜能，只是需要一个合适的爆发点。

我想告诉其他家长，真的不用焦虑。我觉得，我儿子目前的职业状态非常好，他做了他喜欢的事情，而且他的专业技术很棒。我不认为他按照现在的标准衡量不算成功，在这个行当成为一个还可以、有实力的就业者，也就可以了，而且他快乐。

经常有家长说，不能让自己的孩子输在起跑线上，我每次总会问"你准备让他往哪儿跑？终点是哪儿？""你准备让你孩子的日子过给谁看？过给别人看的，还是真正过给自己的？"如果是过给自己的，你要想明白了，他的健康、快乐比什么都重要。

蔡志忠说："每个人都拿着一张人生的登机牌，目的地不同。为什么别的孩子在学，自己的孩子也要学？孩子想学什么就让他学什么，千万不要勉强，因为学习本应是一件快乐的事。一个人要选择自己最拿手的、最喜欢的事，把它做到极致，无论做什么行业，没有不成功的。"

在蔡志忠看来，天才不是天生，而是后天养成的。天才总是起步很早，在还没出生之前就展开他的天才之旅。每个小孩都具备成为天才的条件，只是要及早将他的才华开发出来。

他说："人没有梦想，就像蝴蝶没有翅膀。我的一生都是梦想，然后实现梦想。因为我认为一个人，要选择自己最拿手、最喜欢的事物，然后全力以赴，把它做到极致，没有不成功的。就算是卖一份米粉汤，或是做漫画家、建筑师，都是一样。人的意志力，人心里面的想法，是很重要的。你可以用心告诉自己，使自己的身体执行心的命令。其实无论是追女朋友，或让一本书畅销，或是拿亚洲桥牌冠军，都一样。你要告诉奖杯说，我要带你回去，你要乖。当然在出发前，要先将用来摆放奖杯的位置清理好。就像娶老婆，要先把新房准备好。所以从一开始就像这样设定。"

"我们在小事上都做得很好，但在大事上，比如人生，处理得很差。就像如果明天要去搭 10 点钟的飞机，从这里到首都机场需要一个钟头，所以一个钟头以前要抵达机场，那么八点要抵达机场，7 点钟你要坐在车子上，轮子在动，6 点钟你要起床。我们做任何小事都办得到，但是一生好像没有人这样想过，我所有的事情都是从小就开始思考。3 岁半到 4 岁半，我想了一整年，4 岁半决定画画一辈子，9 岁台湾流行漫画，所以我就立志成为职业漫画家，15岁我就成了职业漫画家。"

蔡志忠说完，意犹未尽，继续讲述了一段人生故事：

1981年，我创立了龙卡通动画公司。之后的几年里，我的公司拍摄了《七彩卡通老夫子》《乌龙院》等卡通电影，其中，《七彩卡通老夫子》还获得了金马奖最佳卡通电影长片奖。

那时，龙卡通是亚洲最厉害的动画公司，一个月可以赚25万台币。也就是在那个时候，我开始问自己，我每个月只花5000块台币，为什么要去赚25万台币？那时候我已经实现了财务自由。

于是，我下定决心，不再切割生命去换取名利。1984年4月22日，36岁的我关闭了龙卡通公司，只身前往日本，重新成为漫画家。

当时有很多人不理解我的行为，不理解我为什么去日本画漫画就要关闭公司。我回答，追两兔一定不得一兔。

我怎么能成为手冢治虫、千叶彻弥那样的人？很难办到。因为我是中国台湾人，那时日本人看不起东亚人的漫画、美国漫画，他们尊重的是英、法、德等国家的漫画。我无论再怎么努力，可能都无法成为日本伟大的漫画家之一。

我常说：学历是铜牌，能力是银牌，人际关系是金牌，而思考能力才是王牌。

我最厉害的能力就是逆向思考。

蔡志忠要成为日本最伟大的漫画家是不可能的，那么什么作品才能让全世界的出版社都来排队抢？问题的关键不是你作为一个漫画家想要画什么，而在于读者想要看什么。

这样一来，事情就简单了——我的日文和画故事漫画的能力当然比不上日本的故事漫画家，但我中文比日本漫画家好多了，故事漫画

小鸟与长颈鹿

小鸟对长颈鹿说
虽然你长得很高
但……我会飞!

我们别理会有
100万种事物输给
100万种人!

我们要在意自己
有哪一项赢过全世界!

不如他们,但哲学漫画一定没人能赢过我。

于是我打稿打了八十几张就去挑战日本的讲谈社。讲谈社是日本最大的综合性出版社及版权持有者,与集英社、小学馆并称日本出版界的"漫画三雄"。

经过协商,我所有的漫画都在讲谈社出版,最终销量接近 27 万本。在此之前,没有哪个外国漫画家能在日本漫画界把发行量做到如此漂亮。

不要在意我们有 100 万样事物输给 100 万种人,要在意我们有哪一样赢过全世界。换句话说，人一辈子要做自己最拿手的事情。

我画过一则漫画，里面有只小鸟对长颈鹿说："虽然你长得很高，但我会飞。"

所以，一个人一定要知道自己想成为什么、为何要成为、如何成为，这是人生最重要的三件事。

在此之前我和蔡志忠老师合著的《我命由我不由天》一书中，封面显著的位置印着蔡老师对年轻人的一句话：**"我来自没有什么资源背景的贫穷乡下，因此特别关心出身背景不太好的学子们，不要灰心，不要害怕挑战，只要及早规划好自己的人生蓝图，选择自己最喜欢、最拿手的事，并全力以赴地去完成自己的目标，无论做什么，没有不成功的。"**

蔡志忠为《我命由我不由天》签名（李虹摄）

第6章

不用过度重视成绩

没有实力支撑的文凭只是一张废纸。

——蔡志忠

1. 成绩不等于能力

"必须上名校，必须成为学习成绩优异的孩子，否则就没有前途。"
这样一种心结，成为孩子成长一个非常大的制约、束缚。

连续 20 年的研究发现，让中小学生谈一谈父母评价好孩子的标准
是什么，70% 以上的孩子都会回答：学习成绩。不仅是关注学习成绩，
而且希望孩子考试考到前 15 名的比例超过半数。但实际上，这是一个
永远不可实现的高期望。

"很多人把上名校当作家庭、父母、孩子成功的典范，而我认为最
好的教育是帮助孩子成为他自己。让孩子做自己想做的事，学自己想
学的东西，让每个人找到自己，成为更好的自己才能幸福。这样的家
庭教育就是成功的，这也是家庭教育的目的。"蔡志忠说道。

"绝大多数家长都重视孩子的文凭，生怕没文凭将来出社会很难混。其实历史上很多伟大人物根本没有完成学业，比如爱迪生只在小学上过 3 个月，范德比尔特、洛克菲勒、卡内基、阿加莎·克里斯蒂等人都没在学校读过几年书。而我初中没有毕业，如今却被多所知名大学请去当校长，做教授，成为博士生导师……"

人生之路不止一条，不一定非要读好大学不可。每个人成长之路不一样。学校的长远目标是鼓励学生把人性光辉发挥出来，这才是好学校。

蔡志忠上初二时，黄界原老师说："读书并不是人生唯一的道路，也不是每个人都能从读书中获得好处。每个人现在就要思考将来要干什么，当你已经决定了自己的人生之路，现在就可以开始做了，千万别等到念完所有的书，大学毕业后才去做！"

从此他便下定决心："只要有机会成为职业漫画家，我便立刻去画漫画。"

蔡志忠告诉年轻人：当每个人都以高考考上名校为目标，就应该先停下来想一想自己是否真的有必要？一个人的成功与否，关键在于个人的专业能力，跟文凭学历没有多大关系。

"我不是反对读书，但为考 100 分而去学校上课那是为了文凭努力，不叫作读书。学习是为了获得才能，而不是考 100 分，没有实力支撑的文凭只是一张废纸。"

蔡志忠说，很多伟大的成功者在校成绩不好，甚至没在学校念过多少书，但也不影响他们后来的成就。

蔡志忠讲到，美国著名小说《了不起的盖茨比》的作者弗朗西斯·斯科特小时候无心学业，经常缺课，考试几乎科科都不及格。

斯科特成名后，被邀请去他小时候上学的学校参观，学校特意准备一堂课让他观摩，斯科特问："哪一位是全校学习最差的学生？"

老师们把一个学生拉到他面前说："他是全校成绩最差的。"

那个学生面红耳赤，不敢抬头。

斯科特抚摸着他的头，和蔼地说："你是个好孩子。"

斯科特从口袋里取出一枚金币给了他，然后安慰他说："不要在意学校成绩，从前我在这里学习时，成绩总是倒数第一，也被人认为是劣等生。"

毕加索从小就很有艺术天赋，他会做栩栩如生的剪纸，还创作了许多惊人的绘画作品。左邻右舍都称赞不已，称他为天才。然而，这个"天才"却是个差生。上课对他来说简直就是折磨，听课时他不是漫无边际地幻想，就是看着窗外的大树和鸟儿。毕加索成了同学们捉弄的对象。

作为坏学生，在学校关禁闭已成了毕加索的家常便饭，禁闭室里只有板凳和空空的墙壁，可是毕加索很高兴。因为他可以带上一沓纸，在那里自由地绘画。

20岁时，毕加索从西班牙到法国巴黎发展，成为世界最知名的艺术家之一。他是位多产的画家，作品总计约3.7万件。跟一生穷困潦倒的凡·高不同，毕加索一生非常辉煌，他是有史以来第一个活着亲眼看到自己的作品被收藏进罗浮宫的画家。

很多名人在学校的成绩都很差，但是他们心中早已有梦。学习的动力来自真正的执着。所以，成功的关键不在于学校的成绩好坏，而在于用行动完成心中的渴望，实现梦想。

此前，蔡志忠曾收到一位弟子的来信，这是一位刚刚中考结束的中学生，关于未来的规划，她有些迷茫，希望能从师父这里得到指点。而蔡志忠的回答也许对我们能有些许启示。

附：
蔡老师：

您好！好久没有联系，您身体还好吗？

我 6 月 22、23 日刚刚中考完，这一年来特别是九年级非常紧张，所以一直没有找到机会给您写邮件。

现在虽然放假了，但是稍微有一点迷茫。如果我被深圳的四大名校，也就是重点学校录取了，我会走国内的体系。

另外一个选择就是走国外体系，这个还要等最后的成绩出来才能最后确认。

您觉得我更适合哪一种呢？是在国内读大学，还是出国留学呢？您能给我一些建议吗？

祝身体健康，万事胜意！

您的弟子
谢欣儒

蔡志忠的回函：

欣儒：

如果你真的要问我意见，所得到的意见可能跟你和你妈妈所期待的不一样。

我一向认为读书非常重要——可以增加知识，学会独立思考、辨明是非、决定对错，但文凭一点也不重要。

我目前有41位弟子，有哈佛学霸、东密歇根大学教授、网易副总裁、华为欧洲区总裁、瑞士银行全球业绩第八名理财专家、全世界托福考试第一名学霸（只差三分满分）、著名电视主持人等各个不同领域杰出人士。

但真正厉害的弟子跟他们的学历没关系，而是他的个人能力和梦想、完成梦想的能力。

你们应该都知道我只念完初中二年级，但没有人念书比我多（超过3万本以上），目前应该是影响力和知名度排行亚洲前列的漫画家。

我一向主张从小要有梦想，用一生全力以赴地去完成梦想。例如哈佛最有名的校友是从哈佛辍学的微软创始人和脸书创始人，而不是哈佛博士。

我个人认为一个厉害人物最关键的不是读什么名校，文凭有多高，而是立志要早，并及早展开自己的一生。

泰格·伍兹10个月大时便开始玩高尔夫球，2岁上美国最红的电视现场节目苏利文剧场表演10米推杆，并一杆进洞。

瑞士网球名将辛吉斯2岁开始打网球，17岁成为女单世界第一。

乔布斯13岁立志发展计算机，22岁推出苹果Ⅱ计算机。

我3岁半开始思考将来要成为什么？3岁半到4岁半之间找到了人生之路——就是画画，只要饿不死我，就要画它一辈子。

现在我有两个外孙女，8 岁的 SASA 在 4 岁时立志拿花样滑冰奥运会金牌，到现在为止一共拿了台湾地区冠军和亚洲亚军等 19 块奖牌。

现在 SASA 开始要经营自己的 SASA 运动服装品牌了！（如照片她所穿的衣服）

4 岁的 ZIZI 半年前立志成为 YouTube 博主，在 YouTube 用中英文双声带介绍玩具、组装、玩法和教四五岁的小朋友画画。

全球第一名 YouTube 博主年收入 2 亿美金；第二名是一个华裔小男生，年收入 6600 万美金。

ZIZI 已经录制节目半年了，剪接、特效完成之后就要在 YouTube 上线，她订下自己的小小目标——年收入 100 万美金。

我问她说："万一年收入 1000 万美金怎么办？"

ZIZI 说："1000 万美金也行。"

谈了那么多跟钱有关的事好像很庸俗，我想说的关键是要及早有终极人生目标，并及早展开！名校不能证明什么，关键在于及早有梦想，并全力以赴完成梦想！

至于你应该怎么决定自己的未来，套用我女儿两三岁时问我意见时，我总是回答她："你有大脑，自己的问题要自己想答案，只有你自己才能做出最佳判断！"

欣儒，在同龄人中你算是够厉害的了！上河南卫视《成语英雄》节目，念一年牛津小学，用中英文写作出书，参加海上立帆竞赛……

不要怀疑自己的个人能力，你不需要用名校、文凭来证明你自己。学我的一个最重要的观念——永远不敢看不起自己！

蔡志忠合十

2. 真正厉害的人都非科班出身

> 学习不一定要在学校，任何地方都可以读书。
>
> ——蔡志忠

蔡志忠说："通常人们把没有读书叫作没文化，有没有文化跟拥有多少文凭没有绝对关系。世界上很多文化名人却没有在学校读过几年书。没有文凭没关系，重点在于是否真正有实力。学习不一定要在学校，任何地方都可以读书。

"人不一定要专业学习，真正厉害的人都不是科班出身的。"

说到这里，蔡志忠信手拈来了几个故事：

富兰克林只在学校读了两年书，全靠勤奋自学成才。12岁时到哥哥经营的小印刷所当学徒，但他从未间断学习，从伙食费中省下钱来买书，全靠勤奋自学成才。

林肯没有受过正规教育，成为美国总统之前，他当过工人、水手、店员、邮递员和土地测量员。他自学成才，通过律师资格考试成为律师。

狄更斯出身寒微，父亲是海军会计处的职员。小学毕业后，父亲因债务入狱，狄更斯便开始独立谋生，在皮鞋油作坊当学徒。

高尔基的父亲是个木匠，他3岁时父亲便死了，只好跟母亲寄居外祖父家。五年后外祖父也破产了，只读了两年书的高尔基只好提前离开学校，他当过鞋店学徒、洗碗伙计、圣像作坊学徒，还在小剧场跑过龙套。

马克·吐温12岁时，由于父亲病逝，他不得不到报社印刷厂当学徒，工作之余他勤于读书，并开始尝试写作，终于走上了作家之路。马克·吐温说："我从来不让上学耽误我的学习。把孩子们送进学校，从书本里学一些他们不懂又毫无用处的东西，依靠死记硬背，像鹦鹉学舌。"

萧伯纳少年时因为父母分居再加上家贫，小学毕业后未能继续升学，担当抄写员及会计的工作。他博览群书，练习写作，走上作家之路。

蔡志忠说自己三年级时，就把老师追问得走投无路。所以轮到自己教育女儿了，方法自然与众不同："学生和老师的关系就应该是青出于蓝，学习的目的是学会知识而不是拿到文凭。有次她数学考试拿了零分，我很兴奋，说这个应该当作传家宝流传下去。考试有选择题和判断题的，得零分很有难度。"

蔡志忠说，一个人的成就和他的学历没有绝对关系。自己初中都没有毕业，但这完全没有影响自己成为一名漫画家。他一辈子都在自我学习，他觉得自己学得最快。老师要面对所有的学生，所以教学进度很慢，通常也不太知道你哪里不懂。有一次，他对一位教授说："你是不是常常把该讲的都讲得很详细了，学生却还不懂？""对啊，常常碰到这种困难。"教授回答。蔡志忠说："因为你忘记当初自己是怎么学会的。"

蔡志忠总结，我们之所以学会，不是因为听了很多，而在于一个关键，关键没有学会，就会永远停留在原地，根本不可能跨越。"无论是学问还是成就，都不像爬斜坡，只要努力一直爬就爬得到，而是像走阶梯，每一门学问都有困难点，一定要跨过第一阶，才能到达第二阶。但最重要的一点是，人要有热情，就像我常说的，登上喜马拉雅山的那几个人都不需要父母鞭策，宁可冒着生命的危险，都要爬上顶峰。父母鞭策的效果有限，主要还是要靠自己学习。所以我认为，学一样东西，最重要的就是自己真正的热情，我在学习时，甚至觉得自己沉浸于光芒之中。"

3. "努力无用论"

努力没有用，先要改变观念。

——蔡志忠

努力一定会成功吗？在很多公开场合，蔡志忠都会抛出他的"努力无用论"：

一直以来我们的家长、老师、朋友都告诉我们："努力，努力，努力就会有成就。"其实这只是一句善意的谎言，如果一直努力便会有成就，那么大多数人岂不是都抵达巅峰了？

努力只比不努力好一点而已，任何人无论做什么，一开始没有不努力的，为何后来不继续努力了呢？因为只凭努力没有得到预期收获。

努力不会赚到钱，努力只够养活自己。

① 100 只富二代兔子!

② 早出晚归才足以养活自己的 1000 只兔子!

努力是没有用的

③ 10000 只要饿死的兔子:
再怎么努力也没有用!

④ 进化后会思考的兔子!

    古往今来成大事者,努力的不乏其数。但是努力并不一定能够成功,就像犹太人的成功要素里面所讲述的,成功有必然因素,有主观因素,也有客观因素。努力只是成功必备的条件之一,但是光知道努力是没有出路的。首先就取决于你的选择,一个人很努力,他要是努力违法乱纪,我想他也一定会干出一番轰轰烈烈的事情,但是这个事情反人类反社会，必将会被淘汰，所以怎么能成功呢？

没有人开始不努力的，最后放弃了，是因为努力没有结果。

人生像走阶梯而不是走斜坡，每一阶有每一阶的难点，学英语、日语、数学、物理各有不同难点，追女朋友与创业的难点也不一样。你没有克服难点，再怎么努力也都在原地跳。所以不是努力没有用，而是不顾一切地努力，没有经过思考总结，依靠蛮力盲目用劲，只是徒劳无功。机会是留给有准备的人，在机会没来之前你首先得努力，去培养自己该具备的成功条件，扬长避短、克服障碍，等到机会来了你就可以一举拿下。

蔡志忠说，你努力洗煤球能把煤球洗成白的吗？如果开一辆汽车前往那个叫成功的目的地，努力仅仅是动力系统，让你不会止步不前。除了动力系统汽车还需要方向系统，你总不能往沟里开吧？或者南辕北辙？不仅如此，还必须有制动系统，在发现问题的时候可以刹车。最好再装一个全球定位系统和一个行车记录仪，让我们能够超越视距，看清前路，帮我们时时回看，及时复盘，从而不断修正。

在蔡志忠看来，"努力了却没得到自己想要的，只能说明你还不够努力。"这句话只是对世人的一种麻痹和误导，让那些努力了却没成功的人不要怀疑努力和成功之间的必然关系，让他们相信之所以还没成功是因为努力还不够。事实上，没有人可以证明，百分百的努力就会百分百获得成功。在努力和成功之间有太多不可控的变量，比如个人能力、取得成功的信念、所努力的方向、采取行动的方式，等等，每一个变量出现问题，都会对最后是否成功产生直接影响。

"当然并不是说不去努力，努力只比不努力好一点而已。"蔡志忠一再提醒年轻人，要会思考！努力不是成功的根本，努力和成功之间隔着遥远的路程。想成功的人都很努力，但成功的人往往只有一小部分。倘若你努力，但你的观念是错误的，很可能离正确的方向越来越远。因此，重要的是观念。而认识观念、改变观念完全是由思维方式决定的。

"每个人都说，我要努力，我要努力，我要努力做。去街上看，没有人不努力。下午3点半，太阳正足，快递员骑着摩托车在路上飞奔，你问他在干吗？他说在努力赚钱。只会努力，不会达到最好的结果，所以要倒过来，一定要先想你要达成什么目的，然后想需要什么条件，然后设计一条路去达成这个目的。"

是狼还是兔子？由自己决定。

改变自己最有效的方法莫过于改变自己的观念。努力、毅力只是一时，观念改变才是一生一世。在蔡志忠的书《豺狼的微笑》里有这样一则故事：

绿绿草原，有100只兔子，兔子高兴几点起床都行，大家都能吃得饱饱的。

后来100只兔子繁殖为1000只，草原面积没有变大，从此兔子必须清晨3点起床才能吃得饱。

最后兔子繁殖为10000只，草原快被兔子啃光了。兔子就算每天花24小时努力吃草也吃不饱，大家都快饿死了。

这时有一只兔子思考："努力是没有用的，任凭我再怎么努力也吃不饱，或许我应该改变观念不要吃草，改吃兔子。"

于是它便从有9999个竞争者，变成有9999个可以摄食的对象，每天吃一只兔子，由于营养充足，体形便越来越大，慢慢地它从兔子变成豺狼。少数几只兔子观念跟它一起改变，也变成豺狼，从此世界便演化为自然生态平衡法则：

1. 兔子被狼吃了变少，草原复苏茂盛。
2. 草原茂盛，兔子繁殖越来越多。
3. 兔子变多了，狼便繁殖得更多。
4. 兔子被狼吃了变少，狼吃不饱也变少。
5. 兔子和狼都变少，草原复苏茂盛了。

兔子吃草，狼吃兔子。
狼是十恶不赦的大坏蛋吗？

豺狼的微笑

不！狼淘汰不够水平的兔子，确保兔子不会繁殖过多吃光草原，乃至大家都饿死。狼扮演了生态平衡不可或缺的角色。在人的社会里，情况也是如此：

观念决定命运。

兔子吃草，狼吃兔子。

谁是狼？谁是兔子？由自己决定。

面对现实情况改变，只会一味自我要求、加倍努力是没有用的，唯有通过思考，改变"只顾埋头拉车"的观念，才能从竞争激烈的红海，转为吃香喝辣的蓝海。

4. 观念决定方向

思路决定出路，观念决定方向。

——蔡志忠

有人说蔡志忠是天才，智商超高，有人说他得益于早期的家庭教育，从小不受限制，想象天马行空，但蔡志忠和所有普通人一样，没有达官显贵的家庭，甚至没有漂亮的教育履历，也没有雄厚的经济支撑与繁密的关系网。他说他能办到的，应该所有人都办得到。所以他希望更多的人通过看到自己的故事有所启发，从而改变自己。

"每一个人只要他改变观念，每一个人都可以厉害一百倍，只是他自己不知道。我们其实可以通过自己的方法去达到最高的效能。就像我始终认为努力不等于效率，人生不是走斜坡，只要持之以恒就会走到巅峰。"蔡志忠总结道。

"人生像走阶梯，每一阶都有难点，如果你没有克服难点，永远只能在原地跳。"

蔡志忠认为：改变只在一瞬间，观念改变，行动改变。

努力不等于效率，努力之前要先思考，要有方法，才能抵达目的地。
思路决定出路，观念决定方向。

要想钓住鱼，就要像鱼那样思考。无论你自己多么喜欢草莓，鱼也不会理睬它；只有以鱼本身喜爱的蚯蚓为饵，它才会上钩。

蔡老师接着讲了一个故事：

有个人到宠物店买鸟，他选中一只色彩美丽又会唱歌的天堂鸟。老板要价 5000 元，客人觉得贵了些，另选一只颜色差一点的鹦鹉。

老板说："这只要 10000 元。"

客人问："这只颜色不如刚才那只，为什么更贵？"

老板说："这只会讲 5 种语言。"

客人又选了一只最不起眼的灰色鸟。

老板说："这只要 5 万元。"

客人说："难道这只会讲 20 国语言？"

老板说："这只不但不会唱歌，也不会说任何语言。"

客人说："既然如此，为什么这么贵？"

老板说："因为它会思考。"

思考先于行动，就像手脚身体是听命于大脑的指挥而行动。那么，该在什么时候思考呢？

思考先于一切之前！

豺狼是会思考的兔子蜕变的！

豺狼是会思考的兔子变的！

比尔·盖茨是会思考的哈佛大学辍学生蜕变的，因为比尔·盖茨知道："及早创办微软比哈佛大学毕业证书重要。"

乔布斯是没有大学毕业的学生蜕变的，因为乔布斯知道："及早创办苹果公司比大学文凭重要。"

可能很多人以为改变观念很简单，事实并非如此。人性大都是偏执的，先入为主的观念往往很难被改变。就像让一个觉得臭豆腐很臭、皮蛋很可怕的外国人吃臭豆腐和皮蛋一样难。

蔡志忠经常提起一个让自己转变观念的故事。1980年，他第一次到香港，知道水果之王榴梿，花了57港币在湾仔路边水果摊买了一个，回到住处打开后发现，榴梿色香味都好像婴儿的大便，味道也像，形状也像，这怎么能够吃得下？想想那么贵，舍不得丢掉，于是放到了冰箱里。7天以后就要离开了，再把榴梿拿出来，可还是怎么看都像是大便，最后还是拿出去扔了。

两年后他到马来西亚，要走的前一天，他看到街道上有一个人挑着一担榴梿，有两个人蹲在那里吃。因为要花掉手里的零钱马币，于是鼓起勇气再试一次。这一次，他却发现榴梿简直就是人间美味。在飞机上他就后悔自己当时为什么不吃两个，并从此一发不可收拾地爱上了吃榴梿。

榴梿还是榴梿。

是大便，还是天下第一美味？

差别只在于观念改变。

在蔡志忠看来，一个人最有效的方法莫过于改变观念。无论做什么，想达成什么目的，不能只是一味努力，而是要先思考如何才能美梦成真。

大脑是用来思考的

英国哲学家罗素曾经说过，许多人宁愿死，也不愿思考，事实上他们也确实至死都没有思考过。罗素非常反对制式教育，他说："有一些儿童原本有思考的习惯，而教育的目的在于铲除他们的这种习惯。"

1949年，费曼应邀到巴西里约大学教授电磁学，他发现两个奇怪现象：

一是学生们从不提问；二是面对同一个问题，学生有时马上答得出来，有时却一片茫然，完全不知所云。

费曼发现，巴西学生上课时唯一要做的就是坐在那里，把教授讲的每个字记下来，确保没写错用以应付考试。但除了背下来的东西外，他们什么也不会。

费曼说："我实在看不出在这种一再重复的体制中，谁能受到任何教育。大家都努力考试，然后教下一代如何考试，其实大家什么都不懂。"

学校注重考试，学生们只好花很长时间用来背原本书上有的东西。大脑是用来思考的，把大脑用来记忆是践踏大脑的主要功能。

爱因斯坦演讲时，有听众提问："你如何记下许多东西？你可记得音速是多少？"

爱因斯坦说："我必须查辞典才能回答音速多少？我从来不记辞典上已经印着的东西，我的记忆力是用来记书本上没有的东西。"

以上的例子都是蔡志忠信手拈来的。他还说，文字、资料早已经在书中或计算机档案里，无论我们有没有读它背它，都不会减损一个字。大脑是用来思考想象的，把大脑用来记忆，有如让智者去当苦力一样践踏大脑的功能。

爱因斯坦说："想象力比知识重要。"

所有一切创造都是想象力与执行力的结合。没有想象力作为先导，创造、探索便不可行。想象力是艺术和科学的源头，是智慧的起源！

蔡志忠每天天一黑就睡觉，凌晨一两点钟起床，然后站在窗前边喝着咖啡，对着寂静的星空思考。这是他每天最快乐最享受的时间。

想完了之后才开始画画。他整整做过三年多的记录，知道一天当中凌晨三点大脑最清醒；一年当中寒冷的冬天，大脑最清醒。他每天凌晨一两点起床，连续工作到下午两点，然后吃饭，睡午觉。吃过晚饭稍事休息，天黑了就上床睡觉。

蔡志忠很善于思考，他也知道姿势影响思考！

什么是最好的思考姿势：

躺着最不容易思考，

躺着不如趴着，

趴着不如坐着，

坐着不如站着，

站着不如走来走去。

肚子饿着时比吃得饱饱的好。

很早他就发现：头脑里原本有一个天才的创意，每当一吃饱饭，就立刻变成猪头！

于是他开始不吃早餐，至今已经四十多年了，他说就是要使自己变猪头的时间尽量少。

躺着不如趴着

趴着不如坐着

思考的姿势

想……大脑装满各式资料
然后……假装不想……

坐着不如站着

站着不如走来走去……
原地打转……或走一大圈
假装不想

　　"教育的目的在于帮助学子找到天赋，启发学生独立思考能力。"
蔡志忠说，"每个小孩都是一颗奇妙的种子，让他们发挥天赋，保有自
己的特质。世界便成为充满珍奇异类繁多的美丽天堂。而不是用制式
教育，把不同的种子培育为乏味的单一物种。"

蔡志忠曾参加过一档与青少年有关的电视节目，他说：

"通过这个节目，我见到了不少优秀的孩子，但也注意到了一些现象，我发现有些孩子已经习惯了接受死记硬背式的教育。举个例子，让你用画画的方式让对方猜一个成语——'万事俱备，只欠东风'，你怎么画？我发现有的孩子把这八个字拆开来，画了八幅画，分别对应八个字。如果他能了解这则成语背后的故事，就会发觉很简单，只要画诸葛亮对着周瑜，这边有战船，那边刮一阵东风就行了。

"还有一种情况，有的成语今天的意思跟当初的本意并不相同。就像大多数人都知道'天衣无缝'这个成语，不过可能并不知道它的原意是指古印度修行者把一块两丈的布披在肩上，再从身上绕一圈，打个结，当作衣服穿。天竺修行者的衣服没有缝，没有剪裁，这才是天衣无缝的本意。

"死记硬背的结果，就是把成语的本意给遗忘了。除了遗忘，还存在不少曲解。比如'闭门造车'，现在很多人用它来比喻做事情脱离实际。它的原意却刚好相反：智者不需要打开窗户，就知道外面的天圆地方；不用走出门，就知道天下事的变化。

"还有，比方说'百尺竿头，更进一步'，大家都理解为即使学问或者成就到达了很高的境界，仍需继续努力才能进步。其实这个成语来自禅宗，意思是一支百尺的竿，你已经爬到头了，再也没有地方可去，接下来只有忘却自己，纵身一跃，才能到达更高的境界，所谓大死而后生。

"我们的教育应该让孩子明白，成语不只是用来修辞造句、写作文的，它流传得这么久远，是因为其中蕴含着珍贵的思想价值。

"还有一点，对孩子来说，比死记硬背、不明其意更可怕的，是僵化的思维模式。比如'夸父追日'这个成语，老师通常是怎么解释的呢？夸父一辈子追赶太阳，这种执着的精神多么可贵啊。我觉得，应该换一种眼光来解读：夸父一直在追逐不切实际的梦想，结果只能燃烧自己、牺牲自己，没有什么成果。

"填鸭式地给孩子灌输标准答案，他们的思维会越来越萎缩。就像'愚公移山'，大多数孩子受到的教育是：愚公的精神令人敬佩，值得学习；但按照法家的观点，愚公要想走出大山，只要开一条路就行了；按照道家的说法，你既然选择了深山，就安心待在里面好了；以现代人环保的眼光来看，愚公凭什么破坏自然资源呢？

"对一个人来说，保持看待事物的独特的视角和思维，是一种很重要的能力。我画的漫画就是想要拯救人们特别是孩子的想象力。一个缺乏想象力的社会要激发出创造力，很难。"

5. 学习不是为了背答案

人人与众不同，每个人都很特别，不应该有平凡的一生。奇特的一生总是缘起于平淡无奇，但先决条件是自己要有独立思考能力。

——蔡志忠

哈佛大学是世界著名的学府，培养了各个领域的优秀人才。

哈佛大学的校训是：

欲求真理最重要的途径，是养成理性思维方式与独立思考习惯。以柏拉图为友，以亚里士多德为友，更要以真理为友。

哈佛大学以培养学生理性思维、独立思考为目标，培养学生独立思考才是教育的重点，这也是各级学校所应奉行的目标。

教育家苏霍姆林斯基认为："儿童学业落后的原因，就在于他没有学会思考。周围世界里的各种事物、现象、依存关系和相互联系，没有成为儿童思考的源泉……让实际事物交给儿童思考——这是使所有正常儿童都变得聪明、机敏、勤学、好闻的一个极其重要的条件。"

学校教育有个弊端就是应试教育，学习就是为了考试，因为人们普遍认为考试制度能够促进教育的发展。因此便以分数的高低来判断一个孩子的能力。

爱因斯坦说："学生为了应付考试，不论正确与否，都把书本所有内容统统塞进自己的脑袋。这种强制的结果，使我通过最后的考试之后，整整一年对科学问题感到扫兴。"

蔡志忠认为，为了考试而学习，只能把小孩变成高分低能的人。

学校教导学生不应该只是传道解惑，而应该培养学生独立思考能力，激发他们的潜能。

他说，我们常在书中看到著名的"伽利略比萨斜塔实验"的故事，其实从历史文献证明伽利略并没有到比萨斜塔做过这个实验。

伽利略 26 岁时，是比萨大学教授，当时学校课本所教的是亚里士多德的物理学。亚里士多德认为落体速度跟重量成正比，重的物体坠落速度比较快，轻的物体坠落速度比较慢。伽利略用思想实验便可以证明亚里士多德的理论是错的。

"如果将两颗轻重不同的物体用一根绳子绑在一起，让它们同时坠落会产生什么效应？"伽利略说，"以重量角度来看，两颗物体更重了应该会坠落得更快。换另外一个角度，重的物体被坠落比较慢的轻物体拖累，应该会坠落得比较慢。"

为了证明亚里士多德的理论是错的，伽利略采用斜坡以延长落体的坠落距离，让铜球沿斜面滚下来。经过几百次实验，得出自由落体定律："物体下落的时间和重量无关，如果没有空气阻力，所有物体将下落得一样快。"

几百年来，从书上看到这则"伽利略比萨斜塔实验"的师生不计其数，但有几个人真的拿两颗轻重不同的物体站到椅子上亲自做自由落体实验？

智能不是知识，智能也不一定是真理，而是介于知识与真理之间的一条道路。伽利略为寻找真理，颠覆传统思想的实验精神，这才是启迪学生，引发学生思考的教育真正目的。而不是要求学生背答案，考100分。

蔡志忠说：

2500年前，《礼记·学记》说，如果一个君子已经知道教育成功的原因，又知道教育失败的原因，他便可以为人师了。

君子引导学生的方法应该是：

只是加以引导，而不是强迫服从；对待学生严格，而不是抑制发展；只是启发学生，而不示之以答案。引导而不强迫，则师生关系和谐；

教学严格而不抑制，则学生能自由发挥；启发学生而不示之以答案，则引发学生思考。师生能关系和谐，学生能自由发展，能引发学生思考，这可称之为最善于引导学生的了！

很遗憾，两千多年后的今天，我们的教育距离《礼记》要求的标准还是相差十万八千里。今天学生们上学读书受教育，像是为了去应付考试、成绩、文凭。

如果老师的教学无法做到《礼记》对老师的要求：加以引导，而不强迫学生服从；教学严格，而不抑制学生发展；启发学生，而不示之以答案。我们自己则要做到与人关系和谐，发挥自己专才，自我引发思考。

教育的目的在于启发学生独立思考能力，帮助他们找到天赋，而不抑制发展。

蔡志忠说，当每个人都以高考考上名校为目标，就应该先停下来想一想自己是否真的有必要？一个人的成功与否，关键在于个人的专业能力，跟文凭学历没有多大关系。

我不是反对读书，但为考100分而去学校上课那是为了文凭努力，不叫作读书。

学习是为了获得才能，而不是考100分，

没有实力支撑的文凭只是一张废纸。

我反倒认为读书是报酬率最高的投资，例如5007个字的道德经，我们只要花二十几元和一个钟头时间，便能获得老子花一辈子体会出来的智慧，还有什么买卖比阅读更值得投资？

虽然我在学校只上到初中二年级，但我一共看过两万本书。我认为人必须终身学习、终身阅读，书随时随处都能读，不一定要在学校课堂里才能读书。

美国诗人惠特曼只受过五年初级教育，做过排字工人，学习印刷术，编过报纸，当过教师，办过印刷营业所、文具店，经营过房地产。经过一长串人生阅历后，写出世界名著《草叶集》，靠的是终身学习和博览群书。

今天的家长们非常重视孩子的文凭，认为没有念本科取得大学文凭，就不能在社会上与别人竞争，无法立足。其实不然，近五年来已经有三所大学希望我当他们真正的校长、系主任和名誉校长。重要的是要有真正的才学、能力与专业，而不是光凭区区一纸文凭。

学历并不跟成就成正比，学历高可能有成就，成就高不一定要有高学历。运动员玛蒂娜·辛吉斯、阿加西、皮特·桑普拉斯、张德培、迈克尔·乔丹、奥尼尔、詹姆斯、泰格·伍兹、丁俊晖与音乐家郎朗等世界高手，他们从很小便沿着自己的人生道路前进，虽然他们也拥有大学文凭，但大多是学校给他们奖学金，借用他们名气为学校增光的。

一个人只要以自己的一技之长登上世界顶峰，其他相关的文化水平也自然会水到渠成，例如宫本武藏原本只是个蛮横的乡下村夫，他一心只想打败日本厉害的剑客。当他达成目标成为日本第一剑客之后，自己也从征战中休会出作战兵法，写出一本兵法《五轮书》。

6. 及早学会自主学习

自己的问题，自己找答案！除了自己，别人无法帮助你。

——蔡志忠

学习最重要的就是自我学习，自我学习的关键就是及早学会自我学习的能力。

蔡志忠从小学三年级就开始全部自学，他 6 岁上小学，读的书都比老师多了十倍。

"我在马桶上看的书，都比大部分人一生看的书还多。"蔡志忠说。

他认为，每个人刚生下来时，其实条件相差都不大，但通过不同的学习，后来的人生发展便相差很大。

在蔡志忠看来，学习的关键是：

及早学会自我学习的能力，然后自发性学习，把学习视为天性，终身学习。

全校出名的"问题儿童"

蔡志忠 6 岁上小学，他至今仍清楚地记得第一堂课发新书时，闻到一股很强烈的油墨味。当时他的第一直觉认为这味道就是"知识"！

女同学拿到新书回家后，喜欢用挂历纸细心包好新课本。而他总是迫不及待地在当天就把所有课本先看一遍，先了解这个学期要学的到底有哪些知识。

上学没多久，蔡志忠便成了全校出了名的"问题儿童"。

负责教数学、自然、地理的是一位名叫李再兴的老师。

"学问就是要学，要问！"有天李再兴老师上完数学课后，有感而发地对全班同学说，"课堂上不懂，上课时问；课外问题不懂，下课后问。"

深以为然的蔡志忠下课后急忙跑去问李老师："老师，老师，为什么筷子放进水杯中会弯曲呢？"

李老师说："因为光的折射，使筷子看起来弯曲了。"

"那为什么光会产生折射？"

李老师说："因为光在空气中的运动速度比较快，在水中速度比较慢。"

"为什么光在空气中运动速度比较快，在水中速度比较慢？"

头上直冒汗的李老师只好说："老师明天再告诉你。"

第二天李老师并没有告诉他答案。很明显李老师家里的图书数据不够丰富，而那时又没有百度。没过几天，蔡志忠又抛给老师一连串的问题：

"老师，老师，为什么玩水玩久了手指的皮肤会变皱？"

李再兴老师说："老师明天告诉你。"

蔡志忠又问："老师，老师，米缸里的米虫为什么会无缘无故地从白米中生出来？"

李老师说："老师明天再告诉你。"

之后，蔡志忠问了李老师很多有关于人生或是宇宙、物理、时间等问题，得到的答案都是："老师明天再告诉你。"

面对这个"问题小孩"，李老师手足无措。

有一天课间，蔡志忠从教室走出来一眼看到刚从教师休息室出来的李老师，刚要张口喊"老师"，只见李老师哧溜一下子钻进旁边的保健室。从那一刻起，他便不敢再问李老师了，因为他还欠自己23个问题没有回答。

从这件事中，蔡志忠认清一个道理：老师不是万能的。除了课本之外，他知道的事物并没有比自己多多少，而且他所能回答的也只是回家从书中的数据里找答案而已。

从此他便养成一个好习惯：自己的问题，自己找答案。

蔡志忠后来回忆说，他很能理解李老师，如果真的能追根究底直到最终真理，那么李老师便可以拿到诺贝尔物理学奖了。

李再兴老师为学生们做了一个很好的示范：不知道就说不知道，不会跟学生瞎掰，也没有找借口。

为了感谢他，蔡志忠在《物理天问》这本书的扉页中写着：

谨以此书献给我的小学老师李再兴。

上小学时，李再兴老师说："学问就是要学，要问！课堂上不懂，上课时问；课外问题不懂，下课后问。"

于是我一有不懂的问题便问李老师，问到他只要看到我便刻意躲开！因为他还欠我23个问题没有回答。李老师教我学习最重要的是要问问题，同时他也展现出不知道就说不知道的正确治学态度。我因而养成从小就很爱自己问自己问题，无论是人生或是宇宙、物理、时间等问题，也养成自己的问题自己寻找答案的习惯。

谢谢李老师！

美国物理学家费曼说："每个小孩都会问为什么太阳每天都会由东方升起来，为什么水会往下流，为什么天空会出现彩虹。"

妈妈会回答说："这些问题等你长大以后到学校，老师会告诉你。"

孩子到学校之后，老师却回答说："这问题跟你长大以后要做的事没有关系。"

从此，大部分小孩就不再问这些问题了。于是他们长大以后就变成会计师、律师、公务员。

但有一些小孩，还是继续对这些问题保持高度兴趣。于是他们长大以后就变成画家、诗人或理论物理学家。

蔡志忠从小就很好奇，很喜欢问问题，原本天真地以为问题越难，便越难以找到答案。后来他发现："一个简单的问题的确只有一个答案，但是一个复杂的问题会有 100 个答案！现在新的问题产生了，那 100 个回答里面有没有真正的答案？"

由此他悟出一个事实：自己的问题，自己找答案！除了自己，别人无法帮助你。

自学成功的典范

学习的关键是：及早学会自我学习的能力，自发性学习，所得到的效果百倍于跟老师学。

——蔡志忠

从 9 岁起，蔡志忠便开始自我学习，无论是学画漫画、做动画，还是后来学日语、学英语，甚至物理、数学、东方哲学、佛学、禅学，即使是打桥牌，他都是自学而成的。在他的家里有千余本排列整齐的笔记，都是他以图文并茂的方式记录下来的自学心得，包

括老庄思想及佛法要义，还有他在 50 岁后，兴趣转向物理、数学及时间等领域，闭关多年潜心研究自创的科学公式。

他说："事实上，每个人的学问几乎都是通过自学、终身学习得来的，经过消化才变成自己的血肉。"

而他的秘诀是"尽早学会独立学习"。

蔡志忠从来没上过绘画班，更没有老师教他，从小就自己摸索，小学课本和作业本的白边上，到处都活跃着他信手涂鸦的小人儿国。考上中学后，他将图书、报纸、杂志上的漫画拿来细细揣摩，然后将心中的构思画在纸上，试着向出版社投稿。他的画稿经常被刊载，初中二年级便被台北一家出版社请去做专职漫画家。

20 岁服兵役期间，蔡志忠自修大学美术，他买了很多西洋美术史、中国美术史、色彩学、设计色彩计划、错觉艺术、包豪斯设计学院等书，自己研究中西美术史与现代设计艺术。边看书边勤做笔记，从希腊罗马时期的拜占庭艺术，到威尼斯画派、浪漫画派、印象画派、唯美主义等，中国美术史从顾恺之人物画到张大千泼墨山水，有时也会临摹梁楷、吴道子、扬州八怪等人物画作。中国山水画中的留白令蔡志忠着迷，用空无表现意境，对日后他画漫画中国诸子百家系列有很大的帮助。

此外，他还申请了一张图书馆借阅证，一有空就到图书馆看书。

其间，他尝试画了很多欧普海报、副刊插图、刊头，并将这些作品结集成一大本个人图录册页。

森林里有一则关于学习的故事：

智者猫头鹰教导蚊子、蜈蚣、蛇、凤四位学生。

猫头鹰说："各位同学，由 A 到 B 最短的距离是直线，老师先走一遍给大家看。抬起右脚，跨出去。抬起左脚，跨出去。一、二、一、二，于是便从 A 走到 B 了。"

蚊子说："我虽然有三对脚，抵达目的地最好的方式是用我的翅膀飞过去！"

蜈蚣说："我有五十对脚，无法同时抬起五十只右脚、五十只左脚啊！"

蛇说："我没有脚，该如何？"

风说："我连形体都没有，哪来的脚？"

我们知道老师只是提供老师的方法，每个学生要自己发现自己的特长，而非模仿老师的方法。用自己的方法达成老师所说的目标，这样才能青出于蓝，更胜于蓝。

蔡氏英文记忆法

1990 年，42 岁的蔡志忠移民加拿大，他遭遇的第一个问题就是语言。

但对英语，蔡志忠始终是有心结的——初一第一次月考，英文只得了 34 分。一直以来，他常常觉得自己没有英文细胞。不过，在苦学日文成功后，他告诉自己："学语言没什么难的，我不是就把日文学会了！学英文，也要下苦功，用笨方法，自己整理归纳，做笔记，多练习，绝对没有问题的……"给自己打下一剂又一剂的强心针后，在 42 岁这年，蔡志忠终于再度接触二十多年没碰过的英文，又从 ABCD 学起。

为了加强单词的记忆，他花费很多时间整理笔记。例如：找出字母类似的单词，组成一个族群。像 cat（猫）、hat（帽子）、eat（吃），只有第一个字母不同的单词，全部抄在一起，查字典注明音标，这样可以同时记好几个字。有时为加强记忆，他还在族群旁边画幅简单有趣的漫画，像"一只猫戴着帽子，正在大吃"之类的。如此的联想，大大提高了学习效率。

关于自学英语，蔡志忠曾这样说过：

很多人学了十几年英文，遇上外国人便结结巴巴不敢开口说英文，怕自己说得不正确被人家笑话，这是严重的观念错误。

试想，我们走在北京街头，一个外国人用很不通顺的普通话跟我们问路，我们只希望他能多说几个正确单词，以了解他真正的意思，然后再帮助他而已。有谁会笑他普通话说得不溜呢？

同样地，一个中国人在国外英文说得不正确是最正常的事，没有人会笑话我们。

我擅长自我学习，上学时，老师说"学以致用"，我总认为学习不是"学以致用"，而是倒过来，"用以致学"才是有效的学习方法。一句话，我们用过了便永生难忘，学数学、学语言都是如此。

移民温哥华之前，我只会说 Thank you 和 Bye bye。我深信"用以致学"，学习语言必须要到当地，在生活中学习会事半功倍。

新移民刚搬进一个社区时，不要一个人四处乱逛，邻居不知道有新移民入住，会引发他们的疑虑，误以为是偷渡客而报警。

所以要牵一只狗，到社区周边散步遛狗。看到隔壁加拿大邻居，便对她说："Hi！"

邻居太太回答说："Good morning！"

走到第二家，又说："Hi！"

第二家邻居太太说："Good morning！"

Good Morning 复习两三遍，发音正确了之后，走到第三家改说："Good morning！"

第三家邻居说："Beautiful days."

走到第四家邻居又说："Good morning！"

第四家邻居说："Beautiful days！"

Beautiful days 复习发音几遍之后，遇到下一户邻居，便改说："Beautiful days！"

"Where are you from？"

"I am from China，Taipei."

"Where do you live？"

"I live there." 手指着自己的家。

邻居兴致大开，想交你这个新邻居，因为词穷，只好说"Sorry，Bye bye！"，赶紧回家。这样每天固定一趟散步遛狗生活英语学习，时间久了，便慢慢学会英语。

蔡志忠说，人的大脑有如存放东西的抽屉，钥匙乱放，要用时找不到；把钥匙放进抽屉，要用时便能取出来。问题是抽屉里已经有一百万把钥匙，钥匙一放进去便找不到了。

正确的记忆方法是："记住取出来的方法，而不是记进去。"

可以想象得到，抽屉里放一百万把钥匙，钥匙越大串越容易找到，记忆英文单词也一样，单词联结得越大串越容易记住，单个单词反而不容易记牢，因此背诵英文单词要用图像串联记忆法。这也是蔡志忠自学英语的一大"法宝"。

他很久以前曾在《读者文摘》上看到一篇关于记忆的文章，我们很难记住：酱油、盐巴、西瓜、衬衫、浴缸五种完全不相关的名词，但如果我们把这五种物品组合成一幅荒谬的画面：

一个人穿着衬衫，坐在浴缸用酱油洗澡，边撒盐巴边吃西瓜。

这样，便很容易记住酱油、盐巴、西瓜、衬衫、浴缸这五件东西。这就是有效的图像记忆法。

蔡志忠说自己学日语只花 3 个月，学英文根本不需要背单词。最有效的方法是用画面思考和记忆，这样几分钟内就可以记住一大串英文单词。

他还总结出一套"独门秘籍"——英文单词符串联记忆法

首先画出笛卡儿坐标系

X 轴（水平线）

Y 轴（垂直线）相交：

把 A、B、C、D、G、T、Z、PH、ST、TB 写在垂直的 Y 轴，

水平的 X 轴写上后续字母 ONE，

组合起来便一口气牢记 10 个英文单词。

A.ONE 头等

BONE 骨头

CONE 圆锥体

DONE 完成

GONE 消失

TONE 音色

ZONE 区域

PHONE 电话

STONE 石头

TBONE 丁骨牛排

相同地，把 L、D、P、SP、B、SH、M 写在垂直的轴，水平 X 轴上写后续字母 ARK 然后将它们组合起来。

然后再把它们串联成一个故事：

一只云雀（LARK）去一个黑暗（DARK）的公园（PARK）透过星星之火（SPARK）在树皮（BARK）雕刻鲨鱼（SHARK）的商标（MARK）。

背一个英文单词，免费送一个单词，

"买一送一"记忆法：

爱 LOVE 的前面加 G
就变成手套 GLOVE

痛 PAIN 的前面加 S
就变成西班牙 SPAIN

雨 RAIN 的前面加 T
就变成火车 TRAIN

雨 RAIN 的前面加 B
就变成脑 BRAIN

容易 EASE 的前面加 PL
就变成请 PLEASE

倾听 LISTEN 的前面加 G
就变成闪光 GLISTEN

赢 WIN 的前面加 T
就变成孪生子 TWIN

现在 NOW 的前面加 K

194

就变成知道 KNOW

故事 STORY 的前面加 HI
就变成历史 HISTORY

国家 NATION 的前面加 CAR
就变成康乃馨 CARNATION

于是我们便可以把它记忆为：

手套是 G 的爱、闪光是 G 的倾听、西班牙是 S 的痛、火车是 T 的雨、孪生子是 T 的赢、脑是 B 的雨、请是 PL 的容易、康乃馨是有 CAR 的国家、知道是 K 的现在、历史是 HI 的故事。

蔡志忠还特别指出，千万不要认为自己英文说得不好而觉得不好意思，有时说不出整句只要说几个单词，通常外国人也会理解我们的意思。只要张开口说出来就会有进步！

在温哥华时，有一次，蔡志忠跟加拿大邻居 Jim 一起开车到别的州比赛桥牌一星期。回程路上 Jim 说："你的英文回程比去程进步多了。"

他说："当然，是这个星期跟你学的。"

培养孩子对学习的兴趣和终身学习的能力，比成绩更重要。

第7章

给孩子一把人生魔杖

给子女留太多遗产，他们会变成垃圾，不如送给他们一把人生魔杖。

1. 极度专注才能打造极度美好

　　人生其实很简单，把自己最拿手、最喜欢的做到极致，那你便一定会成功。

——蔡志忠

　　蔡志忠说："我认为，一个人要有三把'屠龙宝刀'，第一把，思考为一切之先；第二把，及早找到自己人生的'那把刷子'；第三把，创造自己的'葵花宝典'。

　　"我从小就陪妈妈3点左右起床，长大后也养成了3点以前起床的习惯。我跟巴尔扎克很像，天黑了就睡觉，只要睡醒了，不管是几点，就视为第二天的开始。

　　"我非常期待清晨醒来。很多作家都是在夜深人静时才开始写作，我认为这是不对的。因为经过一天到晚饭，然后稍做休息再继续在深夜写作，实际是从过去走到现在，所以你的大脑里面有95%都带着过去的思维；但如果倒过来，清晨起床后不讲话，不看电视，不看书，泡一杯咖啡站到窗口，开始思考，这时你的大脑里会有95%是思考未来的，只有5%是带着过去的思维。"

"我在日本的四年时间里画了8000页画稿，曾经连续42天没有打开房门，连续58个钟头没有离开椅子，就是为了完成一件比较重要的作品。

"湖南长沙的景岑禅师说，进十方世界是沙门眼，进十方世界是沙门身，进十方世界是沙门自己，你自己的那个时空光芒里再也没有别人，这就是心流，就是进入光热空间。

"当你做一件事很专注、很顺遂的时候，就会进入光热空间，进入心流。所有的空间、时间、人事都相当于不存在，你唯一可以听到的就是笔尖接触A4纸发出的摩擦声，还有自己的心跳声。

"你再去看那些世界名人，无论是微软的比尔·盖茨，还是苹果的乔布斯，脸书的扎克·伯格，这些最成功的人都是在最重要的时间点选择做自己最拿手的事情，把它做到极致。"

出现在公众场合的蔡志忠穿着非常朴素，他没有手表，也没有手机。

有很多人曾经问过他："您就真的不在意这些吗？"

蔡志忠淡然地说："我自己是从小就知道，有一个很大的焦点，除此之外其他我全都忽略。你有自信于此，其他的全都可以不在乎。所以当我在做最喜欢的事时，连吃什么都不在意了，怎么会在意外形呢？"

人不能同时追两只兔子

这个世界上，一百万人里才有一个主角，而这个主角必定是把事情做到极致的人。

蔡志忠的女儿小时候数学考零分。蔡志忠不批评，反而是表扬。他对女儿说"你太厉害了"。

"我女儿英文考100，美术考100，数学考0分要怎么样？我真的很高兴。她如果考59分，我才会觉得替她悲哀。为什么呢？她如此努力认真，还差1分才及格。而现在我知道了，她直接把它放弃。在很小时候就敢抛弃什么，然后全力以赴做什么，这个就是很厉害的。

"这就是我一直以来比较信奉的一个道理，人必须集中精力去做一件事情。我们不可能同时去追两只兔子，然后两只都追到，我们只能追一只兔子。就像37岁的时候，我那时候开动画公司，大概有40多个员工，但是我决定要重新回来画漫画，我就结束公司。其实那时候公司还赚钱，每个月还可以赚很多钱，所以我太太很不谅解我。那时候《皇冠杂志》的一位姓刘的主编说，你为什么要为了画漫画结束公司？我就说，追两只兔子，肯定两只都追不到，所以只能朝向一个目标。

"所以如果一个孩子有明显的优势和劣势，那就彻底放弃劣势，集中精力发展优势，反而会很厉害。"

10是一个圆满的数字，蔡志忠对创作有着极端的完美主义，一定是完全沉浸式的，不容别人打断。

"时间是个微积分的过程。如果一个小时值10元的话，分成两个半个小时可能不值 5 元，4 个 15 分钟连 1 元都不值。反过来看，连贯的 10 个小时已经价值到几千万了。"

一个人要及早选择他最拿手、最喜欢的事，然后做到极致。无论做什么，没有不成功的。做汤包、做漫画家、做工程师，都一样。

之后你就会发现自己越做越快，越做越好。

最后你会进入第三个境界——品质最高、效率最高、成本最低。这样就没有敌手了，敌手都死光了。用这样的方法，没有什么不能达成的。

蔡志忠曾在他的自传《天才与巨匠》中透露了一个人生秘密：

生命的至乐不是享受美食，不是度假旅游，不是奋斗之后的功成名就。

而是置心于一处、置身于一境，完成自己的梦想。

在椅子上一坐就是 58 个钟头，只为了完成一个动画片头；

四十二天没有打开门，只为了做一件事；

只身到日本四年，画漫画《诸子百家》系列；

闭关十年又四十天，研究物理数学……

没有手机，没有手表，蔡志忠说自己习惯一整段时间做一件事，他一辈子都在做一件事，一辈子都在创作。在这个过程中，"热爱"两个字非常重要，只有热爱才能让你品尝到"合一"。如果哪一天没有能力创作，那不如死去。活着就是要创作，随心所欲地创作，凡事把它做到止于至善，结果会比你期待的还要好十倍。

对蔡志忠而言，世界上好像没有什么难事。

画漫画，他要求自己既快又好，每一天都要有进步。

拍动画电影，开创台湾地区有史以来最高票房纪录，获得金马奖。

出书，第一本就成为台湾地区最畅销的书。

3个月学会打桥牌，一年后就成为台湾地区冠军。

收藏佛像，20多年收集了5000多座。

研究物理，闭关十年，画了16万余张物理、数学画稿，写出的文字超过1400万字，结成《东方宇宙四部曲》。

他说："人生其实很简单，把自己最拿手、最喜欢的做到极致，那你便一定会成功。"在他看来，长期做自己喜欢的事，把它做到顶尖，成功自然就会来了。然而，那个过程，尽管也有起伏，更多的是快乐的。做自己喜欢的事情，再难也是幸福的。

死命地做一件事，总有一天能抵达梦想

蔡志忠至今对人生中第一份工作——在集英社画漫画的日子难以忘怀。那是他人生之船启航的地方。

那时集英社有五六位漫画家，蔡志忠年纪最小。他们每天加班，往往画到半夜，有时会到巷口吃夜宵。对一个乡下孩子来说，水饺、锅贴、包子、阳春面都是从没吃过的新鲜物，有一天深夜，蔡志忠跟大家一起到巷口路边摊吃夜宵，这也是他人生第一次吃麻酱面。

"世上怎么有这么好吃的面？"直到今天，蔡志忠还是觉得麻酱面是天下美味，一碗清粥、一盘豆腐乳就是上等美食，他并没有因为有

名有钱而改变自己的口味。

由于一心扎在热衷的漫画中，蔡志忠并不太想家。但一根菠萝心唤起了他的思乡之情。

在乡下，菠萝并不是稀罕物，小孩子经常能够吃个痛快。但初到台北闯荡的蔡志忠手头并不宽裕。有一天他经过一家水果摊，看到摊位上摆满了切好的菠萝，一股思乡之情涌上心头。

一个菠萝切成四片，一片五毛钱，菠萝心一毛钱，他舍不得花五毛钱，拿出一毛给小贩："老板，买一根菠萝心。"

他边走边嚼着菠萝心，满嘴都是故乡的滋味。

匆匆过了1个月，马上到第一次领薪水的日子。老板看他画得又快又认真，当即加薪一倍，从原本讲好的每月300台币，涨到每月600台币。

人生第一次领薪水的蔡志忠兴奋极了，立刻到邮局汇了450台币给父亲。蔡志忠说，他把大半薪水寄回家，纯粹为了内心那份骄傲，他想证明自己的确能靠画漫画赚钱。他还附了一封信给父亲，简单报告生活状况，最后加了一段话：

爸爸，你是全乡书法第一，但我不仅要做全花坛乡最好、全彰化最好、全台湾最好的漫画家，有一天我要成为亚洲最好的漫画家。

蔡志忠说：只因第一次出版漫画，第一次领薪水兴奋过度，才写下这段年少轻狂的话。直到22年后，我拍《七彩卡通老夫子》卖书位居台湾地区第一，连续获得金马奖最佳动画片和台湾地区十大杰出青年奖。父亲送我一张他特地为我写的书法——"名震亚洲"，那时才猛然发现：原来父亲一直牢记那封年少轻狂时代所写的信。

我相信只要持之以恒，死命地做一件事，一步步向前，总有一天能抵达梦想。

无限疯狂地投入，我们才知道自己到底有多爱

在台北集英社画漫画的日子，对蔡志忠来说，是非常充实的。他经常沉浸在自己的世界里，画到夜里两三点。并不是画得慢，而是他达到了一种近乎疯狂的状态。

蔡志忠从 15 岁画到 20 岁时，漫画从一张 8 毛钱涨到一块五。当时画漫画的时候必须要非常快，每个月要画 456 张，这样才刚刚好可以在台北过得还不错，可以去看电影，可以做衣服，可以买唱片，所以他就训练自己画得非常快。

有一次跟同屋的同事比赛看谁画的速度快，他悄悄到附近小旅馆租了一间一天 20 台币的小房间，画了两个通宵，然后带着画好了的150 张画稿回来。他赢了，赌注是一张电影票。

几十年来直到今天，蔡志忠依然保持着年轻时疯狂地投入，做到极致的习惯，无论研究物理、数学或佛学，他都是全然投入其中。对自己喜欢的事物，聚焦似的全力以赴，对于跟自己无关的事物除了概略知道，都失焦予以忽视，这种专注精神使他深觉获益。

在《成为巴菲特》的纪录片中，比尔·盖茨的妈妈曾邀请巴菲特来家里聚会。当时，盖茨的爸爸和他们玩了个游戏，让每人写下对自己最有帮助的一个词。在场众多人中，只有盖茨和巴菲特，在无任何交流的情况下，同时写下了"专注"。巴菲特一生从来没有把时间浪费

在自己不喜欢或是不擅长的事情上，而只是专注于一件事，恰好这件事赚钱了而已。

不成功便成仁，这种想法似乎偏激，似乎是一个赌徒的孤注一掷，却何尝不是一种置之死地而后生的坚守？格力电器董事长董明珠谈到自己如何使格力电器取得如今的成就，那就是抱着必胜的决心，把一件事情做到极致，成功自然就一定会青睐你。

在蔡志忠看来，我们的心像是一个功能优良的摄影镜头，好的镜头可以精确无比地对准所要拍的对象，令前景背景失焦，突显主题目标。无论我们做什么、能有多大的成果与收获，完全要看我们投入得多深聚焦得多准。无限疯狂才能达成最大的聚焦能力，向无限深处投入，让内心的热情继续燃烧，才会抵达成就的临界点。当一个人进入强烈的焦点，便会发现时间是不存在的。一分钟犹如一天，一天长如一年。

无限疯狂地投入，我们才知道所投入的对象和自己的底线，到底

蔡志忠和他的佛像

自己有多爱，更重要的是让热情燃烧到临界点之后，工作再也不是工作，不需要毅力，没有苦与累这回事，有的只是无限积极。

这也成为蔡志忠受用一生的法宝。

孤寂是创造力的来源，孤独是寂静的彼岸

"我像是大海孤岛上无穷多数沙粒中的一粒沙；远离红尘、在寂静彼岸、享受孤寂。双眼饮尽晨曦、落日的华丽，双耳倾听满天星斗悄悄私语。"在给朋友的一封邮件中，蔡志忠用诗一样的语言写道。

每天凌晨1点钟起床后，蔡志忠第一件事就是花上15分钟，孤寂地面对星空思考，并问自己四个问题：

1. 我这辈子到这个世界上来到底是为了什么？
2. 今年我要完成哪些目标？
3. 近段时间主要做什么？
4. 今天我要如何安排？

当他把这个问题想清楚了之后，立刻将自己的精力全部聚焦到手头的工作，心无旁骛地开始一天的工作。就这样，他问了自己几十年。越问目标越清晰，越问精力越聚焦。

1990年，42岁的蔡志忠功成名就，移民温哥华，过着每天无所事事、吃喝玩乐的生活。

有一天，他躺在玻璃屋，仰望着天空中的白云思考，突然觉得自己这样很丢脸，追问自己要"多为别人做点什么"。没过多久，他就找到

了新的目标，决定要画《漫画佛经》。于是，他立刻回中国台湾，研读佛经三年，看了数百本佛教经典，画了24本佛法笔记，出版了《漫画佛陀说》《漫画心经》《漫画法句经》等一系列佛经漫画。将漫画转向佛学和禅宗的过程，是他"完全融会贯通佛学和禅宗"的过程，使他"一直都置身于佛法形容的禅定状态中"，对他的人生和事业是一次极大的提升和洗礼，为之后走向巅峰补足了能量。

蔡志忠喜欢享受独处，享受思考。他说："思考犹如置身于美得不敢发出赞叹的仙境里，生怕一丝轻微的声响搅动了眼前的美景。"

"孤寂是创造力的来源，孤独是寂静的彼岸。"蔡志忠说，"我喜欢孤寂，我喜欢创作。虽然画漫画五十多年，但我每一天都是在享受，一生从没有把画画当成工作。"

蔡志忠很爱孤独，很享受置身孤寂中做事。"当我们的焦点完全处于自己所热爱的事物上，又能很迅速完成，这时就像神灵附身一样，万籁俱寂，唯一会听到的只是笔在纸上的唰唰声和自己的心跳声，那种快乐就像一个农夫秋天收割稻子，用镰刀把稻子割下来的愉悦声音。好像整个宇宙唯有自己一人存在。"

"这时，大脑会源源不断地分泌内啡肽，一股莫名的至乐由头部缓缓往外传递充满全身，舒畅得有如一股甜蜜的河流缓缓地通过身躯。"

蔡志忠说，这种美好感受，除非自己亲身经历，难以用语言文字跟别人形容。

每逢这种情境，他常常会不由自主地赞叹："生命真是美好！"

1985年，37岁的蔡志忠只身一人前往日本画诸子百家，一画就是四年。当时的东京有一千多万人口，但对他而言，却有如空无一人的北极冰原。他曾这样写道：

我像走在北极的一匹狼
宇宙孤寂得唯有一人存在

偌大的冰原
唯一会动的只是山雀的眼睛

宇宙孤寂得唯有一人存在
默默无言、朝向梦想
唯一会听到的只是那颗炙热的心

2. 爱孩子，就让他爱上阅读

> 阅读能让你生出第三只眼睛。
>
> ——蔡志忠

美国有一首家喻户晓的小诗："你或许拥有无限的财富、一箱箱的珠宝与一柜柜的黄金，但是你永远不会比我富有，我有一位读书给我听的妈妈。"阅读的种子是在家庭里面播种下来的。

儿童时期的阅读和教育相关，一个没有阅读的家庭永远不会有真

阅读

能让你长出第三只眼睛

正的教育。

阅读对孩子的智力和学习有着巨大的影响。

教育家苏霍姆林斯基对青少年阅读有很多研究，他对阅读与学习能力的关系阐述得很多也很清晰。他说："三十年的经验使我深信，学生的智力发展取决于良好的阅读能力"。他从心理学的视角分析，"缺乏阅读能力，将会阻碍和抑制脑的极其细微的连接性纤维的可塑性，使它们不能顺利地保证神经元之间的联系。谁不善阅读，他就不善于思考"。

他指出缺乏阅读的坏处："为什么有些学生在童年时期聪明伶俐、

理解力强、勤奋好问，而到了少年时期，却变得智力下降，对知识的态度冷淡，头脑不灵活了呢？就是因为他们不会阅读"。相比之下，"有些学生在家庭作业上下的功夫并不大，但他们的学业成绩却不差。产生这种现象的原因，并不完全在于这些学生有过人的才能。这常常是因为他们有较好的阅读能力。而好的阅读能力又反过来促进智力才能的发展"。

"凡是那些除了教科书什么也不阅读的学生，他们在课堂上掌握的知识就非常肤浅，并且把全部负担都转移到家庭作业上去。由于家庭作业负担过重，他们就没有时间阅读科学书刊，这样就形成一种恶性循环。"

我也一直对儿童阅读非常关注，我一直认为，那些童书的确和成年人读的书有差别，童书会把人类最美好的东西都蕴藏于一个个人物、动物的命运之中，构建的是你的价值观。

我见过几位非常苦恼的家长，他们的孩子原本学习成绩不错，学习也很努力，但令人不安的是，孩子在学习上的表现越来越不尽如人意。每当这种时候，我总会问一下孩子从小到大的课外阅读情况。不出所料，这些孩子基本上都缺少课外阅读。与之形成对比的是另一些孩子，小时候成绩可能并不出色，但由于他们有较好的课外阅读，后来者居上，到真正想学的时候，潜力就不可阻挡了。

小学，甚至初中，没有真正的学业落后，也不存在绝对的成绩优秀，一切都是可逆转的。使情况发生逆转的神奇力量就是课外阅读。它真的像一根魔杖，越来越显示出神奇的作用。

蔡志忠说起 1988 年去韩国的一件事，当时有韩国媒体采访他，报道标题就是《看过 2 万本书的男人》。他说："我能成为现在的自己，有一个主要的原因是，我很爱学习，很爱看书。我认为，一定要系统性地看书，只有这样，你看过的书才能构成你的知识元素。一定要一鼓作气，一段时间内把那一类的书全部看透、看熟。学习一定要跟最高标准学，千万不要跟'半瓶子醋'学，那样不如不学。从 1990 年到 1993 年，我花了三年看完了所有的佛学的书，我还喜欢看西方哲学史、西方音乐史、西方美术史、中国哲学史、中国书法史、中国美术史，我还整理了世界电动玩具史、世界电脑史、硅谷开创史、半导体发展史等，都是系统性的。"

内容才是王道

有一位妈妈对蔡志忠说："我女儿很爱画漫画，很会画漫画。"

蔡志忠却告诉她："画漫画的主要器官不是手。"

"不是手是什么？"她问。

"画漫画最主要的器官是心。"

"心怎么能画画？"妈妈不解地问。

"首先自己要看比一般人多 100 倍的书，积累很多知识和想法，然后自己编故事，在心里构成一个个画面，最后才透过手把画面画出来。心才是真正画画的主要器官，手只是特别助理。"

蔡志忠打从一开始便知道漫画最重要的是吸引人的故事内容！故事要曲折，剧情要感动人。他总结出漫画的要领是：

内容！内容！内容！画画技巧只是呈现内容的工具，漫画是内容的手段，漫画只是内容的语言。充满情感的内容才是王道。

他常说当一个漫画家要有三个条件：

1. 会画漫画；
2. 很会编故事；
3. 有用图像讲故事的能力。

如果你只有第二个条件，那么你便可以成为大文豪莎士比亚、托尔斯泰、伏尔泰、巴尔扎克。

如果只有第三个条件，那么便可以成为大导演史蒂文·斯皮尔伯格、宫崎骏、李安、张艺谋、冯小刚。

如果只有第一个条件——会画漫画，那么对不起！你只能当别人的助理，不能成为漫画家，如同只会写字的人不能成为作家一样。

因为令读者着迷的是故事情节，而不是画画的技巧。是透过画面所呈现的故事内容吸引人，而不是画面本身。

蔡志忠举例说："我的《漫画中国诸子百家》在全世界有 49 个翻译版本，一共卖了 4000 万本。主要的原因不是蔡志忠多有名，也不是因为它是漫画，而是因为它是用漫画述说东方思想！"

终身阅读

巴菲特曾经说过，一个人一生如果想要获得过人的成就，注定与读书和终身学习形影不离。

虽然蔡志忠很小就在脑袋瓜里装了 100 到 1000 个圣经故事，但他认为还需要自我训练出创作内容的本领。因此他看尽了所有自己能接触到的书，20世纪60年代台湾地区盛行的《漫画大王》《模范少年》等本土漫画周刊，都是他课余的最佳读物，《诸葛四郎大战魔鬼党》及《小侠龙卷风》等漫画，更是启蒙他画画的样书，连学校课本的空白处，几乎都留有他涂鸦学习的印记。他每天不停地画，最后还能自订成册供同学浏览。

此外，《农友》《拾穗》《皇冠》《创作》《小说创作》《小说侦探》《今日世界》《新生儿童》等杂志和《三个火枪手》《铁面人》《基度山伯爵》《大卫·科波菲尔》《鲁滨孙漂流记》《悲惨世界》《汤姆·索亚历险记》等世界名著是他的好朋友，甚至于厚厚一本蒋介石写的《苏俄在中国》也仔细看完。

虽然蔡志忠在学校只上到初中二年级，但他看过三万本书。在飞机上、躺在床上，等车时，完全不受时间和空间的限制，他甚至说自己坐在马桶上读的书可能比大多数人一生读的还要多。

蔡志忠认为，人必须终身学习、终身阅读，书随时随处都能读，不一定要在学校课堂里才能读书。

在蔡志忠看来，读书是回报率最高的投资，例如5007个字的《道德经》，只要花二十几元和一个小时，便能获得老子花一辈子体会出来的智慧。庄子耗尽一生写了8万多字，我们只需要一本书就可以阅读他的一生，还有什么比阅读更值得投资？

蔡志忠的独家阅读术

看书，就像建房子。

——蔡志忠

蔡志忠至今读过三万本书。然而在他的家中，比书籍更吸引人视线的，是墙面上很大一部分用完的笔记本和档案夹。蔡志忠读书和别人不同，他读书很快，且疯狂记笔记，就像他善于把高深的东方智慧、禅宗化为简约的语言和画面一样，他最想讲的是自己如何总结规律和寻找方法。

他书柜中有1600本笔记，内容从微积分、物理、佛学到古文训诂，甚至每天的工作时数，都化作一本本厚实的笔记档案，记录下他这一生丰富的阅历。

"我看书特别快，20分钟就可以看完一本漫画，200多页的物理书只需3个小时。"他认为一般人不会看书，只是在逐字阅读，并让文字沉浮于浩瀚脑海之中，且看完即沉入海底。

"看书，应该要像建构房子般，让每本书的知识，一点点构筑成钢梁、墙壁，并逐步建造成一座完整的房舍。"他看了一千多本的物理书籍，并非将书中的内容完全熟记，而是遇到不一样的论点、知识，才停下细看。

"新的或错误的论述，我要完全搞懂、搞清楚，才会继续。"这样的读书方式，只会让原有的知识越来越丰富且巩固。

"看小说，反而慢，因为所有的内容都是新的。"虽然小说需要较多的时间融入、吸收剧情，他依然能融会贯通并解构出几项结论：

《水浒传》《封神榜》《太平广记》等结构，是以一个主角的故事带出另一个主角的故事；而有些小说是类似的风格，例如《天方夜谭》也是一个个故事相衔接构成的；另一种叙述形式，是一人发问多道问题，或众人发问的方式，例如《散财童子》的"五十三参"或纪伯伦的《先知》；还有一种形式，是以旅行为主轴，沿途上却不知会遇上什么怪事，例如《山海经》或《西游记》。

蔡志忠说，无论看什么书，都要让自己的功底更显扎实，增长智能。很多人读书，只能叫扫描文字，把书背进大脑，再通过嘴巴讲出来，却完全没有理解书中的智慧。

他说读书要进行主题性阅读。先设定一个主题，然后再去阅读。比如他研究物理，先阅读了160本物理方面的书，然后才开始自己的研究。

"当我选定了主题，就会阅读相关书籍、深入研究，再转化成图画与文字为心得，无形中更加深了这门学识的印象。"

阅读的过程，像在建大楼的钢架，会形成自己的结构体系。

看书学习，就可以找出规律。当他想画第一本漫画佛经时，是在阅读了五十多本经书，并前往寺院、道场与法师们谈论禅理之后，才汇总出一本《禅说》。

"你如果找到了规律，可以使银行的钞票变成自己的户头，可以使一个漂亮的女生变成自己的老婆，使一本书畅销一百万本，使桥牌冠军的奖杯拿到自己手上……"

蔡志忠特别提醒年轻人，"现在几乎所有人都在划动手机屏幕，那个是信息，信息创造不了财富。信息、知识、智能都换不了钱，流动的智慧才能换到"。

"看书，像看电影一样看着玩，是可以的。但你也可以从书中学会自己需要的技能，然后行动。把自己培养成专家，你就可以比别人厉害一百倍。"

一个人只要养成了终身读书的习惯，也就相当于把人类历史上的智慧化为己用。

一个从阅读中经历了古今中外各种社会生活，经历了漫长历史发展，倾听了众多智慧语言，分享了无数思考成果的孩子，他不仅在思想上更成熟，在价值观上也更完善——这是做人的根本，也是为文的条件。那些心灵苍白、思想空洞、没有成熟价值观的人，纵使有一肚子精彩词句，他也没能力摆弄出有灵魂的作品来。

蔡志忠说：如果把一个人放到孤岛，并且只能带一个东西，你会带什么？我想很多人会带手机，以前的话是带电视。而我会带两本：一本是纪伯伦的《先知》，一本是纪伯伦的《沙与沫》。纪伯伦是 1883 年出生于黎巴嫩。《先知》是影响 20 世纪的一百本书之一。

首先，养成看书的习惯是非常好的。作家脑子里没有东西，再怎么找也找不出东西。为什么隶书是那个样子？因为隶书是在小篆的基础上演变而来的，虽然八九不离十，但那是一个创作。

其次，不能像学生一样去看书，因为这样看 100 万本也不能成为作者，就像一些老爷爷老奶奶看了一辈子的电视也没有成为编剧一样。我看电影都不是从头开始看，而是从影片的后三分之一开始，然后我就想这一段前面怎么接，后面怎么续。

莎士比亚的作品可以去看，有一些不够离奇的、想象力不够丰富的，就可以不用看。我从小看书，就爱看侦探小说，那时候没钱，就自己创作。侦探小说，看几个就知道套路了，现在的谋杀案凶手往往在第四位出场。

读书，不用"坚持"，因为这应该是一种乐趣

有人曾这样问著名媒体人杨澜："女孩子上那么久的学、读那么多的书，最终不还是要回一座平凡的城，打一份平凡的工，嫁作人妇，洗衣煮饭，相夫教子，何苦折腾？"

杨澜说，我们的坚持是为了就算最终跌入烦琐，洗尽铅华，同样的工作，却有不一样的心境；同样的家庭，却有不一样的情调；同样的后代，却有不一样的素养。

中国台湾作家龙应台在写给儿子安德烈的信中这样写道："孩子，我要求你读书用功，不是因为我要你跟别人比成绩，而是因为，我希望你将来会拥有选择的权利，选择有意义、有时间的工作，而不是被迫谋生。当你的工作在你心中有意义，你就有成就感。当你的工作给你时间，不剥夺你的生活，你就有尊严。成就感和尊严，给你快乐。"

有数据显示，10~19岁的青少年读书最多，可是那些书有相当大的比例不是他们爱读的书，而是和当下的考试等有关系的书。因为读功利的书，而没有养成终身读书的习惯。

读书，不用"坚持"，因为这应该是一种乐趣。

阅读是生命前行的动力，回望时的坐标。

"从来没有人为了读书而读书，只有在书中读自己，在书中发现自己，或检查自己。"法国作家罗曼·罗兰曾这样说过。读书，读的是自己，是在其中不断验证心智模式，刷新对世界的认识。那些筛选出的精华，有的经得起十数年反刍，有的经得起一辈子。

美国前总统罗斯福的夫人曾说，我们必须让我们的年轻人养成一种能够阅读好书的习惯，这种习惯是一种宝物，值得双手捧着看它，别把它丢掉。

3. 及早养成赚钱的习惯

> 早点赚钱才能学会节俭。
>
> ——蔡志忠

很多艺术家都不太好意思谈钱，蔡志忠并不这样。

还记得第一次见到蔡老师时，他送给我一幅小画，还不忘加上一句"这幅画价值一万二，等我死了就变十二万"。

后来我才知道，每次蔡老师送别人画时，都不忘补充一句这幅画的价值。

对此，蔡志忠这样解释："我为什么经常提到自己的一幅画可以卖多少钱，是希望让更多人知道成为漫画家也可以像蔡志忠那样，而不是守着固定的薪水画脚本。

"如果一位母亲在刚想骂小朋友'不要看没用的漫画了'的时候，听到电视里讲到我赚了多少钱，进而没有说出那样的话，那就是好事。如果多赠别人一幅画，会让他留意到自己原来也可以拥有漫画家的作品，进而关注漫画，这也是好事。"

知道赚钱的辛苦，无形中学会了节俭

蔡志忠的节俭与童年生活不可分割。

三四岁时，为了能买一个铅笔盒，蔡志忠开始想办法赚钱。乡下小工厂收集台风吹落不能卖钱的龙眼，晒干后，请人剥成龙眼干，一斤 3 台币工钱，他端着脸盆，天天到小工厂剥龙眼干。

工作了 1 个月，赚了 16.5 台币，这时，他反倒舍不得花 2.8 台币买铅笔盒了。

后来，以至于他每次要买什么东西时，都会算一下这些钱要剥多少龙眼干，是否值得。

蔡志忠说，现在的许多孩子，还没赚过钱，但已经学会大手大脚花钱了。

他经常告诉年轻朋友，要早点学会赚钱，因为知道赚钱的辛苦，无形中能学会节俭，养成不乱花钱的习惯。

蔡志忠从小培养女儿赚钱的意识。蔡欣怡很小就展示了她的经商天分，上小学时，她买回彩纸折成钱包、小鸟、飞机等，对于女儿的这样一些爱好，他也会偶尔给点钱让女儿去买。慢慢地，女儿也就找到窍门了，她不再用爸爸所给的那点钱直接去买纸鸟纸飞机，而是买了纸自己动手去折。更让人不可小看的是，她还能用这些东西去赚钱，她把飞机卖给同学。最便宜的卖 5 毛，贵的卖到了 1 块 5。结果没几天，就有一位男同学的妈妈找蔡欣怡的妈妈告状，说儿子的零用钱全被蔡欣怡骗光了。妈妈要求女儿把钱退回去，蔡欣怡却坚决不肯："爸爸，做生意很难的。再说他自己愿意买，而且很喜欢。他妈妈为什么要干涉？"蔡志忠听了忍不住笑着说："就是，怎么可以退钱？女儿做生意很不容易啦，搞不好小手都被摸过了。"

蔡志忠形容自己的女儿爱钱，最喜欢做的事情就是赚钱。蔡欣怡高中的时候，恨不得靠洗盘子赚大钱；移民温哥华后，她去给人家当保姆，看小孩，一个小时可以赚3加元。后来她考了个看护执照，每小时可以赚到6加元。甚至很多时候她打国际电话给家里，都要蔡志忠付费。虽然女儿是"财迷"，但蔡志忠对女儿充满骄傲，因为女儿很有赚钱的能力。"她喜欢购物，所以有时收支不能平衡，常常伸手朝我要钱。我就对她说，干脆你靠画画赚钱吧，我付你稿酬，一张画20美元。"蔡志忠教女儿画画的方式很特别，从来不教什么"绘画技巧"，只是让她看别人的画，然后模仿，边模仿边从中领悟。就这样，2003年蔡欣怡把这些漫画汇集在一起，出版了个人漫画集《一个人睡》。在美国，蔡欣怡还做过网店生意，最高的时候1个月赚了8000美元。蔡志忠告诉记者，她女儿卖的东西是最贵最稀有的西洋家具，"比如那种只生产几张的桌子，是意大利名设计师的限量版，她知道去哪里可以找货。我女儿很会利用电脑和网络，全世界有几个收藏家她很快就能找到"。

蔡欣怡在加拿大读初中时，利用课余时间在温哥华做临时保姆，每小时3.5加元。当她发现有看护执照每小时的工资是6加元时，她开始学习相关知识，考取执照。高中时，她到市区餐厅端盘子打工。后来到旧金山上大学时，又学着在网上卖东西。由于女儿从小花时间打工赚钱，虽然金额不太多，但她深刻地体会到赚钱不易，花钱从不大手大脚。

蔡志忠说，犹太人临死之前，会祷告说："神啊！如果还有下辈子，请将我降生于贫困人家，让我有机会依靠自己的力量致富，独立完成人生之路。"

巴菲特把 99% 的钱捐给慈善机构。他曾对自己的子女说："你们能在我身上拿到 1 美元就是走运了。"因为巴菲特认为，把钱留给子女，会使他们变成垃圾。

身家 20 亿却穿着破洞鞋

> 当你的精神生活足够丰富，物质生活根本就不会在乎。
>
> ——蔡志忠

蔡志忠说自己的资产超过 20 亿元人民币，但他每天的消费不过二三十元。

白衬衫，衬衫左胸上有一个口袋，插着几支笔，米色休闲裤，帆布鞋，无论是开画展、举行新书发布会，还是日常的出门、会客，一年四季几乎都是这身打扮，二十年没变过。甚至好几次，在参加电视台的节目录制时和新书发布会现场，被人发现衬衣的肘部和裤子还带着磨破的洞。而他的帆布鞋已经磨破了，露着脚指头。每次我见蔡老师，他都穿着这双破洞的鞋，无论是在杭州的家里还是在北京的发布会上。皮带坏了，就请人拿去修好了接着用。

蔡志忠常常穿的帆布鞋

年轻时，为了在事业上取得成就，他给自己定了一个原则：把生活尽量单纯化。吃饭，最常吃的是方便面，每个月要吃掉几十包；穿衣，几乎每一条裤子都穿到磨破为止。

他曾经一下子买了30件同样的白衬衫，20条同样的裤子和14双同样的帆布鞋，他以为后半生足够了，没想到自己活得比鞋子还要久。

出门时他会随身带一个帆布包，里面装着宝贝——画笔。

拍照时，会戴上一顶礼帽，他说是为了遮丑。让蔡志忠自己都感到不可思议的是，他居然还成了某一年的"时尚先生"。

穿衣简单，吃饭更是如此，一个馒头就可以打发一天。

一天只吃一到两餐，不过是馒头、青菜，再配一碗清粥。不吃早餐的习惯已经保持了四十四年。他说，"吃多了，聪明的大脑就会变成猪头"。他认为肚子跟大脑成反比，肚子空空时，智商最高；吃饱饭之后，智商最低。更不喜欢为了吃饭而中断创作，吃过饭后，往往回不到吃饭前的创作状态。

"对物质需要减到最少，才能得到更多的自由。如果拎一个名牌包，还得配名牌的衣服。这样就被限制住了。"

物质真的不重要吗？蔡志忠说：当你的精神生活足够丰富，物质生活根本就不会在乎。

在蔡志忠位于杭州西溪湿地的家中，950平方米的空间里只有4平方米是他的"卧室"，一张书桌，一张罗汉床，工作、睡觉都在这里。

223

在这里，能经常看到一些在我们看来本应丢进垃圾桶的小物件，比如只有 1 厘米长度的小笔头。

"我从来不扔笔！这是我 15 岁时用的笔，这是 10 岁时用的，这是 5 岁时用的，笔越老越好用。"他指着一幅自己的画，详细分析落在纸端的笔头年龄，"年纪最大的笔头已经用得很柔软，最适合用来画远山。"

因为不会丢东西，不能丢家具，所以蔡志忠家里的布置往往要求越简单越好，装潢哲学就是：在大与小之间，选大；在深与浅之间，选浅；在繁与简之间，选简；如果色彩难以抉择，就选白色。

药王孙思邈曾说："口中言少、心中事少、腹里食少、自然睡少，依此四少，神仙可了。"这也是蔡志忠一直遵循的生活原则。有人给蔡志忠总结出一个"四不"主义，即"不睡够，不吃饱，不穿暖，不复杂"。

蔡志忠认为，人生就是这样的：在睡觉、吃饭、穿衣、应酬、享受等方面支出的精力多了，就容易在事业上偷懒，时间和精力也不够用。单纯可以让人享有充分品味的乐趣，复杂只是疲于奔命而所获甚少。所以，他要求自己的行动都要有意义，不做无谓的事，不听无聊的话，不受与事业无关的杂事或杂念的干扰，不做不必要的体力浪费。

过多的钱不是为了生活

> 过多的钱只是满足财富的贪欲，不是为了生活。
>
> ——蔡志忠

发生在二哥蔡高雄身上的一件事让蔡志忠从小明白了这个道理。小学毕业后，二哥便到台北当学徒。三年级暑假，家中接到一封来自台北的电报："雄车祸，父母速来。"

由于乡下没有电话，电报需要由彰化市电信局派专人递送到家，价格很贵，所以电报内容大都是状况很急的坏事。无论谁接到电报，看电报时都双手发抖，知道大事不妙。

父母亲急急忙忙坐火车上台北，原来二哥在台北骑车送货时被一辆人力三轮板车撞个正着，内脏严重受伤，生命垂危，必须立刻做开腹手术。

母亲在台北医院看护二哥，父亲则赶回彰化四处向亲友借钱筹措医药费。

此后3个月，父母都在医院里全身心照顾二哥，偶尔回彰化来，也只住一天就又急忙离去，生怕二哥病情随时发生变化。

第一次开刀，二哥病况仍不稳定，医生立刻开第二次刀，他的生命才又挽救回来。接着又濒临死亡边缘。第三次开刀时，身体的状况已经无法打麻醉剂，只好活生生地开刀，惨叫声震动医院整栋五层大楼。

由于所有的钱都挪到台北去抢救二哥了，没留下任何生活费给家中的姐弟三人，更别说零用钱了。漫漫3个月中，蔡志忠和大姐、妹妹三人相依为命，自己负责料理生活起居。唯一依靠的是：一缸白米、几瓮豆腐乳和酱瓜。

姐弟三人苦守家园的日子正逢长期梅雨季，天天下着小雨，白米长米虫，酱油、豆腐乳、酱瓜也都长满肥胖蠕动的蛆，看起来很可怕。

整瓮白米都长满了一厘米细长的黑色小虫，淘米时无法筛选干净，煮成饭时，密密麻麻几百只小虫，看起来挺吓人；而煮成稀饭虫子会漂浮在上面，再用勺子捞，便能捞干净。

于是，这3个月时间他们每天吃稀饭，配豆腐乳和酱瓜。蔡志忠和姐姐对瓶子里的虫不在意，妹妹则要替她挑选方方正正没被虫子咬过的豆腐乳她才敢吃。

3个月后，二哥终于出院回家了。蔡志忠注意到，走在他后面拎着衣服杂物的父母，在笑容背后掩不住疲惫的神情，双颊也明显凹陷下去，看起来好像突然老了好几岁。他说，父母亲度过了一段精神与体力极度耗竭的岁月。

与此同时，姐弟三人只靠一缸白米、几瓮豆腐乳和酱瓜，没花一块钱度过3个月的经验，也让蔡志忠对钱有了新的认识：

"过多的钱只是满足财富的贪欲，不是为了生活。"

差点自杀，想通财富的定义

> 如果欲望无穷，钱再多也不够用。
>
> ——蔡志忠

蔡志忠37岁才开始潜心研究老庄和佛陀思想，他真正开窍，是由于37岁之前两次在困境中的顿悟。

一次是在他30岁左右时，那时他正在创办远东卡通公司。一心想要站稳脚跟的蔡志忠无条件地接揽生意。

A客户说："这件工作三天后要交稿。"

他说："好好好。"

B客户说："这20秒广告，你必须先赶工替我做，不然我得找别人制作。"

他答应："好的，好的。"

C客户说："这个动画广告，你五天内必须完成。"

他也答应："好的。"

他明明知道这些都是无法在规定时间完成的，但又不希望失去客源，只好勉强答应。

他一向对自己的工作效率很有自信，但工作愈接愈多，一年下来，已经积压得喘不过气来，每个案子几乎延迟两天才交得出。长期精神紧绷的状态下，压力大到几乎要疯掉，他说甚至想要结束生命！

有一天晚上，下班后大家都走了，公司里只剩下蔡志忠一个人加班，手上有四五条片子没完成，都是答应客户今天要制作完成交稿的。

他继续赶工。

"铃铃铃！铃铃铃！"电话响了。

是来要片头的，他没接电话。过一会儿，电话又响了。是广告公司要广告的，还是不接。

那一晚，电话不断地响起来。他清楚地知道都是哪些客户打来的电话，要催什么。

他没有接其中任何一通电话，任由电话铃响……

他站在落地窗前面对着台北天空思考：

"我做得这么忙，到底为的是什么？我一天只花100元，为何要赚3000元？到底要赚多少钱，才算有钱？"

当时他想通一个道理：

财富多寡，要视欲望而定。如果欲望无穷，钱再多也不够用，死拼一辈子，也不能算作有钱人！只要口袋里的钱足以购买欲望，就是有钱！只要欲望大过自己的财富，就是没钱！

那一刻，他豁然开朗，一下子释然了。于是把工作全部扔下，回家好好睡了一觉。

第二天一早到公司，蔡志忠开始一个接一个打电话给客户，诚恳地告诉对方交片子的准确时间，如果不能接受可以交给别家做。但是没有一家因此而离开，所有的客户都愿意再等几天。从此他化被动为主动，依正常的作息规律来工作，公司制作水平比以前更好了。

没有困境，便没有顿悟！
陷入困境，蔡志忠竟悟透了财富的定义。

不切割生命去换钱

人这辈子不是来换取人民币的。

——蔡志忠

蔡志忠为我讲了这样一个故事：

有一个守财奴用一生赚得三万个金币，当他正准备退休好好享用这笔财富时，死神却来索命："你的阳寿已尽，跟我走吧。"

"请再给我多活三天，我给你三分之一金币。"

"不行。"

"那么两天好了，我给你三分之二金币。"

"不行，不行。"

"只要让我多活一天，三万金币通通给你。"

"三万金币换多活一分钟也不行。"

"那么让我写一句人生感言好吗？"

这次死神答应了，于是守财奴用自己的鲜血写道：

"要珍惜生命，把生命用来换钱，到头来一定是笔亏本生意。"

1984年，《皇冠杂志》创刊三十周年，请每位作家写一篇小短篇。
36岁的蔡志忠写了一篇《十年人生感想》短文：

我过去花了十年赚得一千万元，

我常想还给上苍这一千万元，

换回我的青春十年，当然我办不到！

但从此我一定办到不再以任何十年或一年或一天去换取一千万元。

用时间换钱，到头来一定是个亏本生意。因为我们无法在临死之前，用一千万元换回多活十年或一年或一天。

文章刊登出来之后，蔡志忠便立下人生大愿：

此生不再切割任何生命去换钱，除非我真的需要那笔钱！

这也是他的第二次顿悟。

接下来，他结束了经营了七年的动画公司。

"拥有三栋房子、存款860万台币（大约相当于220万人民币）的存款，从此只要不赌钱、不投资、不借别人钱、不替人担保，活到80岁我还有钱吃方便面。

"我对自己说：够了！这一生为钱做事的日子到此为止。我要去做更有意义的事。"

从此他的生命不再零售，他要将整个后半生批发给自己，只做自己乐在其中的事。

有朋友不理解地问："何必放弃动画公司呢？你可以像从前一样，动画、漫画两边兼顾啊？"

他回答说："追两兔不得一兔，我要全力以赴画漫画。"

不久后，蔡志忠一人飞赴日本，开始研究画诸子百家。四年后，他画出诸子百家23本，这套书先在日本出版，后来由世界上40多个国家引进后翻译出版。《庄子说》《老子说》《孔子说》《孟子说》等一系列国学漫画就此展开。1987年，这系列漫画在中国台湾出版立刻造成轰动，也在中国大陆和日韩出版，全球有49个国家翻译出版这套"漫画中国思想"，他获得了新生。

蔡志忠后来回忆说，在日本画诸子百家的四年时间和后来闭关十年研究物理，是他一生中最快乐的两段日子，"可以这样用整段的时间去做最想做的事，再也没有比这个更幸福的了"。

要达到身心安顿，看透财富和欲望、金钱和时间的关系是关键。只有这样，你才会全然地做自己。

成功的定义

> 成功不是你在世上拥有什么地位和财富，而是你在世上做出了什么，让多少人、多长时间获益。
>
> ——蔡志忠

成功是什么?

有花不完的钱，住不完的大房子算是成功吗?

有至高无上的荣誉、无与伦比的权力算成功吗?

不可否认，金钱、物质是我们生活中不可缺少的一部分，但真正的成功并不是单单用金钱、物质来衡量的。

对于成功，每个人的定义不同。

蔡志忠认为，成功不是你在世上拥有什么地位和财富，而是你在世上做出了什么，让多少人、多长时间获益。

唐朝诗人王之涣写的《登鹳雀楼》，"白日依山尽，黄河入海流。欲穷千里目，更上一层楼"，20个字就留名千年。唐朝诗人张继写的《枫桥夜泊》，"月落乌啼霜满天，江枫渔火对愁眠。姑苏城外寒山寺，夜半钟声到客船"，直到今天依然成为苏州文化创意的招牌。

在蔡志忠看来，全世界把自己活得最有价值的人是诺贝尔。诺贝尔只留下大约7亿元人民币，但他造福了119年，超过1000个诺贝尔奖得主。诺贝尔奖给人类带来的不仅仅是金钱上的收益；它的存在，是对科学成果的汇聚，是在不断地督促提高人类科学的研究成就与水平，更是在每一代人类智力探索、不断创新的道路上的一盏孔明灯。

卡耐基在全世界留下了3500座图书馆，洛克菲勒留下了洛克菲勒基金，对人类做出了重要贡献。

如果是为了个人的名利权位，然而自我利益永无止境，渴望也随之增长，于是便陷入了永恒的贪婪。个人在世时的小小成就跟众人没有一毛钱关系，当然不可能留名。

唯有无私的愿力，只为了完成自我能力的提升与发挥，不计较个人利益，以无我精神做出有利众生的事物，才能永恒地影响世人，而自己便成为杨朱所说的——不求名而求实，便因此而留名。

人有幸能来此世间，期望能在短短的一生尽可能无我地发挥自己能力的极限，而没有任何目的。蔡志忠说，"在对的时间，遇见对的人，做对的事"。在合适的时机，符合时代趋势，把喜欢的事情做好，并且这件事不损害大家，那便成功了。

第**8**章

让孩子在"弯路"中成长

> 真正的自由不是放任，而是给孩子选择权、尝试权和犯错权，使孩子获得成长必需的生活经验。
>
> ——蔡志忠

电影《阿甘正传》里说，生活就像是一盒巧克力，你永远不知道下一块是什么味道。

不管是成人，还是孩子，真正的教育，是"自己教育自己"。听说过和体会到是两码事。给他们机会，让他们自己去尝试，去经历，去挫败，然后爬起。

"如要锻炼一个能做大事的人，必定要叫他吃苦受累，百不称心，才能养成坚韧的性格。一个人经过不同程度的锻炼，就获得不同程度的修养，不同程度的效益。好比香料，捣得愈碎，磨得愈细，香得愈浓烈。"这是杨绛说给年轻人的话。

1. 允许孩子走弯路

蔡志忠说起过这样一个故事，听说日本有一种训练赛马的方法，是将成批初生的小马运到北海道山野间放牧，借无情的大自然来考验幼马的生存能力与天赋才能。风霜雨雪的侵袭，将体质瘦弱者判处出局；山野间的游荡奔驰，逐渐显露各匹马的性格：有的爆发力强，但无耐久体力；有的能耐长途奔跑，却又不易驯服；容易听话的马也许奔跑速度不佳。就在这样自然又适性的环境，幼马成长到某一阶段后，爆发力强、体力耐久又易驯服的马匹就像沙里淘金般被筛选出来，再经过人工系统化的照顾与训练，就会成为赛马场上奔腾的"优骏"。

父母不能陪伴孩子一辈子，更不能一辈子为孩子定目标、做选择，使他们避开各种弯路，一直走在所谓正确的道路上。因此，为人父母，一定要敢于让孩子走弯路。让他们在"弯路"中获得人生经验。

我想起有一次，我要带女儿外出买东西，8岁的女儿从衣柜里翻出一件很喜欢的卡通图案的外衣。

"今天刮风了，穿这件恐怕会有点凉。"

女儿固执地说："我不冷！"

女儿从小到大，因为穿衣服这件事，我没少费口舌，女儿对穿衣的要求很高，如何搭配，款式和颜色都要按照自己的想法，但有时候并不合适。为此，我没少干涉，她也并不服气。于是我改变了策略，明明知道她的选择不合适，也不会阻拦，只是善意提醒。

这次，作为身经百战的老母亲，我淡定走开："我提醒过了，你自己决定。"

刚出门还没觉得冷，但走了一会儿，刮起风来，女儿便缩成一团，把衣服后面的帽子戴上。

"冷吗？"我问她。

"还行！"她还嘴硬。

结果，她出来没一会儿便着急回家。

第二天我们又出门，这次她穿了里三层外三层，

"今天升温了，穿这么多热吧？"我淡淡地说道。

"昨天有点冷，今天多穿点。"她依然坚持自己的想法。

就这样我们出了门，没走一会儿，她便满头大汗，脱了一层又一层。

从那次起，女儿准备衣服时总会问问气温如何。

孩子只有自己摸索、试错，才能学会独立、成长。简·尼尔森在《正面管教》中写道："太多的父母相信，好爸爸好妈妈就应该保护孩子免遭任何挫折和失望。因此，他们会包揽孩子遇到的一切困难或对孩子过度保护，因而剥夺了孩子发展出对自己的信念——自己有能力把握生活中的起伏的机会。"

朋友的儿子前年第一次去参加夏令营，妈妈帮他准备了行李清单，让他自己一项一项清点准备，并且在家里进行了简单的自理能力的训练及指导。

孩子漫不经心，并没有把这些事情放在心上，行李也收拾得非常潦草，他妈妈多次提醒他核对清单，他也没有仔细去做。

朋友说，我把几项重要的东西悄悄交给了教练，其他的，他没有准备，我也就装作不知道。

结果孩子在外面吃了很大的苦头：没有带水壶，渴了也没水喝；路上的食物带得不够，饿得干瞪眼；冲锋衣没带，教练借给他一件，条件是帮所有人叠被子……

去年第二次去夏令营的时候，孩子早已长了教训。早早就核查清单，一项项清点得妥妥当当，把行李收拾得一丝不苟，通知清单上告知要提前准备的东西，自己很自觉地准备起来。

她很感慨地说："以前外出旅行，每次让他收拾自己的行李，从来都是敷衍了事，丢三落四，说了多少次都教不会。如今受一次苦，跌一次跤，全都会了。"

果然，挫折才是成功的练习。

孩子选择的"弯路"，不一定就是错的路，有时候是探索世界、学会成长的路，有时候是孩子经过深思熟虑的人生意愿。每条路上都有属于他们的挫折与风雨，也有属于他们的收获与风景。

米歇尔·奥巴马在《成为》一书中告诉我们，做父母的，要尊重孩子的选择，懂得倾听孩子的意愿，并在需要时给予帮助和支持。

真正的爱不是束缚和控制，而是自由和支持。

父母能给孩子最好的礼物，就是爱与自由。当我们不信任孩子能搞定自己的人生时，觉得孩子在走"弯路"时，不妨把这个礼物送给他。

2. 孩子不经苦难，是不能成才的

爱迪生说过，英雄也是人，只是与一般人不同的是，他们在面对逆境时更能表现出勇敢和韧性。无论命运对你补刀多少回，无论你曾在哪里狼狈、憔悴，无论你曾活生生吞下多少悲伤，只要自己还有一丝残留的气息，都要全力以赴，勇往直前。这样才能书写命运传奇，实现人生的逆袭。

法国生物学家、化学家巴斯德曾说过："告诉你使我到达目的地的奥秘吧，我唯一的力量就是我的坚持精神。人生的道路不是一帆风顺的，想要干一番大事业更是如此。"

对于很多名家大师来说，他们与我们普通人的差距就在于坚持的距离。有超高天赋的人很多，能把一件事坚持下来的人不多。

古今中外多少名人的成功史都曾是可歌可泣的失败史，这是因为坚持到了胜利的那一刻才变成了成功人士。

有人统计过他的一生中失败过 35 次，除了从政失败，屡次落选，还有从商失败，陷于破产，连结婚也失败，26 岁时未婚妻不幸离世，而且他的长相也被人认为很失败。然而在艰难和挫败面前，他却活成了一个不倒翁，从未放弃过持续努力，终于告别了失败的自己。他就是美国第 16 任总统亚伯拉罕·林肯。

经得起打磨，耐得住寂寞，人生才会有价值！看见别人辉煌的时候，不要嫉妒，因为别人付出的比你多！

蔡志忠又信手拈来几个故事：

柯南·道尔的第一部福尔摩斯探案《血字的研究》几经退稿，才在 1887 年的《毕顿圣诞年刊》发表。之后声名大噪，一共写了 60 个福尔摩斯的故事，40 年间在《海滨杂志》发表，柯南·道尔也成为侦探悬疑小说的鼻祖。

阿加莎·克里斯蒂的第一部推理小说《斯泰尔斯的神秘案件》被退稿几次，她心灰意懒地把它投给 Bodly Head 出版公司，搁置两年的书稿终于获得出版机会。1920 年，《斯泰尔斯的神秘案件》出版，阿加莎在英国文坛开始闪亮发光，最后终于享誉全球。她的作品被翻译为 103 种语言，成为全球最畅销的作家之一。

阿诺·施瓦辛格在演讲中这样说道："当你失败沉沦的时候，如果一直沉沦下去，你就是一个失败者。成功的人会失败但也会重新站起来，失败再站起来，失败再站起来。你一定会站起来，这才是成功的人。

"我输掉了健美比赛，我输掉了力量举重比赛，我输掉了杠铃举重比赛，我有过失败的电影，真的很糟糕，得到了最差的评价。我们都会失败，我们都有很多失败的经历。没关系，这就是为什么我说不要害怕失败。因为你害怕失败的时候，你就会畏缩不前，身体变得僵硬，无法放松。为了表现得很好，不论是拳击还是你的工作，或是在思考，成功只会发生在你放松的时候。所以，放松去做吧。失败也没关系，让我们全力以赴，拼尽全力。这就是成功的真谛。不要害怕失败！"

蔡志忠说，相比之下，国外一些名人的育儿理念倒能给我们启发。石油大亨洛克菲勒家族非常注重培养子女的独立能力，孩子在学校读书时一律在校住宿，大学毕业后也都自己找工作；德国金融投资大亨梅兹勒家族让孩子上地区最普通的学校，每天走路或者搭公交车上学，与所有同学一起玩耍、一起生活；"沃尔玛集团"华顿家族的孩子很小就开始打工，在商店里擦地板，帮助补充仓库货物。这些家长懂得放手，从小培养孩子的独立意识和价值观，对子女爱得更深沉、更科学。

家长退一步，孩子进一步，这是学步的规律，也是教育的规律。聪明的家长懂得适时放手，帮助孩子培养良好的品质和习惯，学习各种技能和本领，这才是他们终身享用不尽的"财富"。与其动用直升机，不如让孩子和其他大多数同学一样，在现实社会环境中加以磨砺，体味堵车带来的种种滋味，岂不更好？

汉朝的时候，汉高祖刘邦分封了一百多位功臣，其中萧何为刘邦稳定后方，对新朝的建立居功至伟，所以刘邦分给他很多肥沃的良田。但是萧何坚决不接受，反而要了很多贫瘠的次田。

刘邦问他为什么，他说，贫瘠的土地可以督促子孙勤劳耕种，懂得节俭。而肥沃的封地，孩子就容易变得好吃懒做，这样家族慢慢就会没落。

果不其然，在一百年之后，这一百多位功臣的家族大多没落了，但是萧何家却依然兴旺。

曾国藩曾说过，如果孩子不经苦难，是不能成才的。孩子一定要让他经历坎坷，给他磨砺，而不是给他各种优越的条件。

在曾国藩的家训中，"穷"是"善身"之道。

在写给大儿子曾纪泽的家书中，曾国藩说："凡世家子弟，衣食起居无一不与寒士相同，庶几可以成大器。"意思就是，越是富家子弟，越是官宦子弟，越能勤俭自律，越能在物质生活上主动跟贫寒之士一样，这样的孩子将来才有可能成大器。

给孩子再好的教育，都不如让他亲自去感受一下"成人世界的不容易"。

今天的父母，总想把最好的条件给孩子，这其实是在害孩子。

听朋友讲起自己妈妈的故事，她的母亲生活在农村，是全村公认的非常要强的老太太，家里收拾得井井有条，农活、家务全包，在家里也是说一不二。虽然和儿子分了家，分开住，但是两家的房子相隔不到200米，对儿子一家的生活非常操心，不仅把两个孙子从小养大，甚至儿子儿媳妇已经四十多岁了，老太太还是会一大早冲进儿子的家里，抄起扫帚扫院子，一边打扫一边敲敲打打。她怪儿媳妇不起床、不干活。婆媳矛盾很深，两人争吵时，老人甚至抓起手中的碗冲着儿媳妇就扔过去。

按说对儿媳妇都如此严苛的人，对儿子也一定不放松。但事实是，这家的儿子从小在母亲的控制之下，成了一个谎话连篇、坑蒙拐骗的人。到处借高利贷，最后窟窿大得实在堵不住了，要账的天天来家里围追堵截。不仅欠了一屁股债，连父母的棺材本都被搭了进去。父母在农村辛苦了一辈子，那点积蓄对于利滚利的高利贷来说，杯水车薪。朋友失望地说：即使如此，她的妈妈依然觉得儿子是被别人骗了，不是他的错。

成长过程中，物质越充裕，孩子就越不能懂得感恩，越不懂得勤勉，好吃懒做，害人害己。

反之，给孩子正确的教育，是让孩子懂得不惧困难与艰辛，勤勉努力。

作为家长，我们应该教会孩子把犯错误当成学习的大好机会。通过允许孩子失败，他们就能在问题出现时学会怎样去解决。

看到一个新闻，2018年高考结束后，一所重点高中的一个考生跳楼了。这个孩子从小成绩就很好，在父母的期盼下，他一直刻苦努力，不敢懈怠，但是就在高考前这个孩子突发高烧，影响了发挥，致使没有考上心仪的大学。从未有过的挫败感让他无法面对自己和父母，最终跳楼身亡。

现在很多孩子不敢失败，追根溯源，都是从小父母给予了孩子太高的期望值，并逐渐演变成不允许孩子失败。生活和学习都是一帆风顺的孩子，往往承受不住挫折，而有过失败经历的孩子，更敢于尝试，遇到困难也不会退缩。

蔡志忠在各个场合中经常说，对待女儿，我跟我父亲一样，所能教导她的就是判断是非、独立思考的能力和勇于做自己、失败了擦干眼泪再站起来的超凡自信。

3. 心中常有忧患意识

> 我一直觉得艺多不压身，任何时候，多学一点就是赚了。
>
> ——蔡志忠

人生从来不会是一帆风顺的，既会遇上顺境，也会遇上逆境。顺境就像是一路绿灯，在现实生活中不会随时随地地出现。当然，人生也不会一路红灯。人生中遇上逆境是一件再正常不过的事情，关键是取决于我们的态度。

蔡志忠曾说过这样一段话："如果拿橘子比喻人生，一种橘子大而酸，一种橘子小而甜。一些人拿到大的，就会抱怨酸；拿到甜的，又会抱怨小。我拿到小橘子，会庆幸它是甜的；拿到酸橘子，会感谢它是大的。"

蔡志忠虽然取得了巨大的成就，但他的一生同样不是一路绿灯。

从1957年开始，漫画风靡中国台湾近十年。直到1966年，岛内有报纸称，漫画败坏社会风气，学生迷上漫画不认真读书。家长和学校纷纷禁止学生看漫画。当局也要求漫画出版前必须送审，取得执照后才能印刷出版。

漫画的销路越来越差，出版社纷纷倒闭关门。这是中国台湾漫画有史以来第一次灾难。

在这样的大环境下，蔡志忠失业了……他只好收拾行囊，回到了彰化乡下。他怕父母担心，没敢告诉他们自己失业的事。

父母也从来没问过一句话。在蔡志忠父母的观念里，家是孩子永远的避风港，要住多久都没问题。

几天后，父亲悄悄跟母亲说："看起来挺严重的，连唱片机和唱片都搬回来了……"

邻居也问母亲说："咦？你们志忠这次为什么回来这么久？"

母亲只回答说："他是读书人，做什么必然有他自己的理由。"

1个月后，蔡志忠又上台北找机会。他发现台北的漫画家大都改行，或者投奔家里了。无论大环境有多恶劣，依然坚持画漫画的，大部分都来自台湾岛中南部，原因大概是来自穷困乡下的孩子没有退路，韧性也更强。

从那以后，蔡志忠开始有了一种很强的忧患意识。

1971 年，到光启社上班的蔡志忠被分到业务部，负责画商业广告影片故事板。

他数学很好，也保持随时记账的习惯，每个月都计算自己到底接了多少工作，创造出多少业绩。但连续半年，业绩不佳的他看着自己的工作量，非常担心自己随时都有可能被开除。

于是他常常到地下室，请电影部的同事教他如何使用 16 毫米放映机放映电影。

后来他除了学会动画摄影、影片剪接、冲片，还自学变纸牌魔术，他说自己的魔术能上舞台表演，丝毫不比刘谦差。还在休息时间学会开车，考到驾照。

蔡志忠学会很多能留在台北的谋生技术，他在心里盘算："万一工作丢了，我可以去电影院放电影，或当私家轿车司机，或在街头表演魔术混饭吃。"

他说，我一直觉得艺多不压身，任何时候，多学一点就是赚了。

《诗经·小雅》有言："战战兢兢，如临深渊，如履薄冰。"

所谓居安思危、未雨绸缪，讲的就是人不能没有忧患意识。然而，如今人们生活经济富足，不少年轻人选择安于现状，再没有奋斗的激情，过着"温水煮青蛙"般的生活。一项调查显示，46.9%的年轻人认为升职会加大自己的工作压力。"小富即安"的现象很多，但正如一个国家的发展可能遭遇"中等收入陷阱"，当个人发展到一定位置时，若贪图安逸，不再像以前那样付出，积极学习，努力创新，就可能导致发展遭遇瓶颈，甚至被淘汰。

人人奢望的没有压力、无须担忧、不用竞争的世界，同样存在风险。忧患意识能帮我们抵御未来的风险，做好知识、技能、心理等多方面准备，思考的是未来，着眼点却在当下。不妨学学蔡志忠，常将"万一"放心中。

第9章

鼓励，从 0 分到天才

1. 缺乏鼓励，绿洲会变成沙漠

蔡志忠讲了一个案例，美国著名心理学家罗森塔尔曾做过这样一个试验：

他把一群小白鼠随机地分成两组，告诉 A 组的饲养员说："这一组的老鼠非常聪明。"同时又告诉 B 组的饲养员说，"这一组的老鼠智力一般。"

　　几个月后，对这两组的老鼠进行穿越迷宫的测试，发现 A 组的老鼠竟然真的比 B 组聪明，它们能先走出迷宫并找到食物。

　　于是罗森塔尔教授得到了启发，他来到了一所普通中学，在一个班里随便地走了一趟，然后就在学生名单上圈了 18 个名字，告诉他们的老师说：

　　"这几个学生智商很高，很聪明。"

　　过了一段时间，奇迹又发生了，那 18 个被选出的学生现在真的成了班上的佼佼者。若干年后，他们在各自的领域也取得了斐然成绩。

　　"聪明的家长应该把期待和信任传递给孩子，而不是否定和打压。"蔡志忠说道，"孩子希望大家对自己的喜欢能不断增加，而不是不断减少。所以作为家长，我们要经常告诉孩子，'我相信你可以办得好！'当你对孩子有所期待，他就会朝你期待的方向而来。"

　　接着，蔡志忠对我说道："你有没有发现，以前人们买瓜子、糖果的时候，聪明的售货员都是先抓一小堆放在秤上，然后再一点点添加。而假如他先抓一大把，再一点点拿走，你心理上是不是比较不舒服？

　　"这就是增减效应。

　　"同理，说问题的时候，我们不能'先褒后贬'，而是先说一些无伤大雅的小毛病，然后再恰如其分地给予赞扬，孩子会更容易接受。"

　　之后，蔡志忠讲了一段女儿的故事：

　　"我女儿小时候并不是学霸，英语考 100 分，美术考 100 分，数学却考了 38 分，有一次还考了 0 分。

　　"女儿回到家，哭了起来。

"我对她说：'哭什么呢？我一点都不在乎。'

"女儿哭得更厉害了。

"我对她说：'考试有选择题和判断题的，得 0 分很有难度。就像走过一公里地雷区，你一颗地雷都没有踩到，那不是很厉害吗？'

"女儿说：'不要笑我，不要笑我。'

"我却认真地说：'哪有笑你，你是偶像！我要奖励你，请你吃牛排。'"

"1990 年 5 月 1 日，由于我太太工作尚未结束，我跟女儿先移民加拿大，抵达温哥华后，前两个星期忙于买家具、布置新家，安排女儿到新家附近的西温中学注册上学。

"有一天接女儿放学，在车上我问她：'你们班上有几位中国台湾同学？'

"女儿说：'每堂课同学都不一样，没有所谓我们这一班。'

"我问：'什么意思？我听不懂？'

"女儿说：'上学第一天，校长派一位同年级加拿大女同学，要我所有的课都跟着她，依她所选的课上学，每堂课在不同的教室，所以同学也不一样。'

"我很惊讶：'初中就要选课？'

"女儿说：'是的，但有很多必修课，男生要上裁缝、烹饪，女生也要上木工。'

"外国办教育的观念比我们正确多了，让孩子多方尝试，才能选择真正的爱好。

"有一天女儿下课回家，高兴地说：'全班都说我是数学天才！'

"'哇！不会搞错吧？你在中国台湾上课时数学经常不及格，怎么一下子成了数学天才呢？'

"'数学老师也夸我是数学天才呢。'

"'怎么个数学天才法？说给我听听。'

"女儿说：'今天老师教九九乘法表，九九八十一、三七二十一、五六三十、七八五十六，老师一说，我立刻说出答案，全班都很惊叹！'

"中国台湾小学三年级就将九九乘法表背得滚瓜烂熟，加拿大到八年级才教九九乘法表，女儿因此被误认为是个数学天才。

"这时，我赶紧跟女儿说：'现在你的问题很严重，大家都认为你是数学天才，如何不让别人发现你原来数学还考过零分？'

"从此女儿便用心学数学，一两年时间便从一个数学白痴变成数学天才，由于数学的成功经验，她变得更有自信。几年后，她自己申请美国大学，有四五所大学给她发来了录取意向。

"她问我：'这四五所大学中，选哪所大学最好？'

"我说：'上哪所大学不重要，在大学中学会什么才重要。'

"女儿 17 岁时独自来到美国加州，自己租房、租家具、租车，自己打理生活，只花五年便念完洛杉矶与旧金山两所大学。"

蔡志忠女儿的例子说明：

正确的教育方法不是纠正学生的错误，而是鼓励。
好事需要鼓励才能持久，
鼓励是使人奋发的原动力，
缺乏鼓励，绿洲会变成沙漠。

2. 不要纠正孩子的"错"，而是去鼓励孩子的"对"

对孩子而言，期待和信任是一种力量。

——蔡志忠

蔡志忠说："其实我很喜欢用表扬鼓励孩子们学习。有一次有座漫画图书馆成立，请我去演讲漫画。

"讲完了以后，有一个妈妈举手提问说，'我如何教导我的小孩画漫画？'

"我说：'你怎么教你的小孩画漫画？'

"她说：'当然要教啊，不然他怎么会画？'

"我说：'你以为我怎么会画漫画？'

"她说：'如果你不是天才，就是有人教你。'

"我说：'才不是。我画第一张的时候，大人就说，哇，画得好好！画更多张以后，更多大人就说我画得真好，太好了。我去上小学一年级，我发现我是全班画得最好的，我就不敢画得不好啊。'"

蔡志忠接着说，其实我们指导一个人往哪里去，不是去告诉他错的那一方面，而是去表扬他对的那一方面。就像说为什么每个小孩其实都会画画，都会唱歌，都会表达，他后来却不敢唱，不

敢画？就是因为大人教他说，你这样唱不对，你要像那样唱，你这样画不对，你要像那样画，他办不到，所以他就放弃了。他就只好退缩回来，说，我承认我不会画。正确教导孩子的方法不是纠正孩子的"错"，而是去鼓励孩子的"对"。就像说我希望他往西边不往东边，他往东边我不鼓掌，他稍微偏离东边我就鼓掌，他往西边我就鼓掌得更大声，这样就好了。

蔡志忠随后讲起与太太的趣闻：

我因为画画，衣服袖口总会弄得很脏，我太太很会洗衣服，每次都将袖口洗得很白。

我称赞她："哇！你怎么那么厉害，可以将袖口洗得那么白？"

她为了证明自己可以洗得更白，拼命刷，每件衣服的袖口都被她刷破了。

所以我们不是被教导而变会的，我们是被表扬而变会的。

我太太很会做饭，我称赞她："哇！你煮的竹笋排骨汤太好吃了，是人间第一美味。"

于是，之后的每天我家的餐桌上都会出现竹笋排骨汤这道菜，由于我天天吃竹笋，得了荨麻疹，此后几年只要一吃竹笋便过敏。

蔡志忠接着说，曾听星云大师说过一个故事：

有一位先生很爱吃鸭腿，每天到菜市场买一只鸭，每天吃两条鸭腿。后来觉得天天买鸭不是办法，于是便在家里的后院养了一大群鸭子，要求太太每天宰一只鸭子，他每天吃两条鸭腿。

有一天，太太只端来一条鸭腿。第二天、第三天，太太还是只端来一条鸭腿。

他奇怪地问太太说："怎么现在只有一条鸭腿呢？"

太太说："因为鸭子只有一只腿啊！"

先生说："每只鸭子都有两条腿，怎么可能只有一条腿？"

太太说："不信你跟我到后院看。"

两个人到了后院，果然看到每只鸭子都用一条腿站着。

先生说："哈哈哈！鸭子站着时，习惯将一条腿缩在腹部啊！"

于是先生大声拍拍手，鸭子们便露出两条腿跑开了。

先生说："你看每只鸭子不是都有两条腿吗？"

太太说："对啊！要拍手鼓掌，才会有两条腿啊！"

说完，蔡志忠不忘抛出问题：这说明什么？有没有给你带来什么启示？

3. 父母的评价永远是基石

> 孩子只有一个妈妈，如果连你都瞧不起他，还指望这个世界上谁能瞧得起他？
>
> ——蔡志忠

蔡志忠在很多场合都说过这样一句话：我很幸运，我妈妈从小就知道我是天才。正是父母这种支持与信任才成就了现在的自己。

今天的孩子为什么不爱学习？为什么离家出走？为什么迷恋网吧？一个根本原因就是他们没有成就感。很多父母最常和孩子说的一句话就是："你瞧人家……"觉得人家的孩子是金子，自己的孩子是沙子。人家孩子是天才，自己孩子是蠢材。爸爸妈妈的标杆永远超越孩子的水平，老是对孩子不满意，没有鼓励，所以孩子就没有成就感。

一次一个朋友跟我聊起儿子在学校总是不自信，我的建议是少批评，多鼓励。

她说不知如何鼓励儿子，感觉词穷了，而且尺度很难拿捏。

我突然脑海中闪现出一句话：有时候，一个眼神就是肯定，一个拥抱就是鼓励。

很多父母不知道什么是鼓励，他们以为鼓励就是说一两句好听的话，随随便便表扬一下孩子是没有用的。真正的鼓励跟真爱一样，就是无条件地永远支持！

我有一个朋友在美国工作，他儿子在美国读书，他说校园里有中国孩子和美国孩子同时在操场上打篮球，中国孩子十个球进了九个，中国妈妈不满意。美国孩子十个球进了一个，美国妈妈拼命鼓掌。中国妈妈说美国妈妈太没见识，美国妈妈觉得特别奇怪，因为她觉得进一个球就比没进强。最后的结果是，充满自豪感的是进了一个球的美国孩子，充满自卑感的是进了九个球的中国孩子。我们不为孩子得到的而欣慰，老为孩子缺失的而遗憾，这就是今天中国孩子最大的悲哀。

为什么有些父母对孩子鼓励不起来呢？关键是评价孩子的方法不对头。中国伟大的教育家陶行知先生，早在半个世纪之前就深刻指出，教育孩子的全部秘密在于相信孩子和解放孩子。

对父母来说，相信孩子，解放孩子，首先要看重自己的孩子。

蔡志忠问："你有没有在心里瞧不起自己的孩子？如果你瞧不起孩子，他分分钟能够感受到。孩子只有你一个妈妈，如果连你都瞧不起他，还指望这个世界上谁能瞧得起他？"

曾经听知心姐姐卢勤讲过一段经历，她说：我应邀去中央电视台谈"怎样教育淘气的孩子"。一个看上去很"蔫"、好像并不淘气的男孩坐在那儿。我担心，原定的话题讨论不起来了。

谁想到，一开拍，这个挺"蔫"的男孩冲着镜头说了一句特别精彩的话："每次我爸说我的时候都要说：瞧人家孩子如何如何好，瞧你怎么怎么差；瞧人家孩子多聪明，瞧你多笨……我心里就不服气，我老想，你要觉得人家的孩子好，你就给人家孩子当爸爸算了，干吗给我当爸爸？"

我回头看了一下他爸爸，他的眼睛瞪得跟豆包一样，嘴咧得很大，一句话也说不出来。

等电视节目拍完后，孩子的爸爸流着泪过来找我："我是一个司机，就这么一个儿子，我对他那么好，挣钱全是为了他，他凭什么这么冤枉我？"我对他说："您爱您的孩子，可是您的孩子不知道。您没有表现出对他的爱和肯定，您看重的只是别人的孩子。所以，您的孩子认为您不爱他。"

有这种烦恼的孩子和父母为数并不少。因为，现在许多父母教育孩子的心理有些错位，不是用赏识的目光去看待孩子的优点，而是用挑剔的眼光找孩子的毛病。最可怕的是，用别人家孩子的长处去比较自己孩子的短处，越比较越觉得自己的孩子不如别人家的孩子。正确的方法应该是：永远不和别人家的孩子比，只要你的孩子今天比昨天有进步，你就应该祝贺他、肯定他、鼓励他。歌星是谁培养起来的？是观众用掌声捧起来的。孩子也要用掌声培养。

一个孩子长大要经受人们无数次评价，不管别人说什么，父母的评价永远是基石。英国文学家培尔辛说：除了人格以外，人生最大的损失，莫过于失掉自信心了。

社会心理学家曾提过一个"镜像自我理论"，人们通过周围人对自己的评价，来进行自我判断。当收到的绝大多数是"差评"时，会内化这些负面评价，认定自己确实不好，从而逐步形成自我厌恶。他们渴望被表扬，却开始习惯去贬低别人。他们把别人的意见和看法，当成了指责。

大人如此，何况孩子。经常被差评的孩子，自信就是被一点一点蚕食殆尽的。

外交部前部长李肇星一次做客一家网站，一个网民调侃说："李部长，您的才华我们很佩服，但您的长相我们不敢恭维。"

李肇星幽默地说："我妈不这样认为！"

其实，孩子们每天都在寻求别人的理解，盼望公正的评价。人对生存价值的需要比生存本身更加强烈。当孩子被贬损得一无是处时，就会表现出明显的抑郁，影响健康，容易产生厌世情绪，甚至会做出伤害自己或他人的极端举动。

贫瘠的非洲，大多数人都不相信奇迹。

不过，就有这样一个非洲男孩，从小爱捣鼓一些实验。

他发现了风力可以发电，拿着小风车和一个破旧收音机，兴奋地跑去演示给正在挖垄的爸爸看。

爸爸哪能理解这些，他能想到的是，挖垄种地，一点点背水浇灌，庄稼活了，日子就好过了。

他责骂儿子不好好种地，成天白日做梦地想发明。他也不懂儿子说的风力发电，摔了实验品，更狠狠地把儿子推倒在地。

可男孩的妈妈相信儿子，她不惜和丈夫翻脸，也要支持他。说服丈夫，让孩子试试他的发明。

一辆破旧的自行车，一个木板扎成的大风车。风力带动齿盘转动，真的把地下的水引到了干涸的地里。

男孩妈妈对孩子的信任，不仅颠覆了父亲执拗的看法，更是给那片无望的土地带去了希望。

当你获得成功时，背后总会有一些相信你的人，在给你支撑。这些信任，让你一往无前，也让你拨开云雾。

我们要发现孩子的特长，不要去把他们的路堵上，而是告诉他，他身上有哪些是别人没有的。

这不光是一种信任，更是一种让孩子自信的方式。

第10章

爱，就是没有条件的永远支持

1. 爱，就是没有条件的永远支持

> "爱"就是让孩子到外边敢于冒险奋斗，因为他知道，永远有一个家的爱支持着他。
>
> ——蔡志忠

"无论我考多少分，我妈都爱我。"这是初次见面时，蔡老师告诉我的，他也希望所有的父母都能对自己的孩子做到如此。

父母最好的状态就是做孩子的后盾，永远的后盾，无论什么事情。给他们无条件的爱，不求回报。

蔡志忠曾经问《汉声》杂志发行人吴美云说："爱的作用是什么？"

吴美云说："孩子感受到父母的爱，才会觉得安全，才会放心地跨出步子，跌倒了也不怕受伤，不怕被责骂！每个父母都爱自己的孩子，真正的爱是没有条件的永远支持！"

从小在极度自由的家庭氛围中长大的

蔡志忠，成长过程中体会最多的是父母家人对他的爱和支持，无论做什么事，父母都给予他理解和尊重。这对一个孩子而言，就是最大的安全感。于是成年后组建家庭的他，也将这份爱和安全感，传递给他的女儿。

"从女儿两三岁时我就告诉她，我说你是我的女儿，我是你的爸爸，不可选择。就算你犯一百万次错误，也不会改变我是你父亲的事实。就算你考 100 次 0 分，我也依然爱你。无论你遭遇什么样的麻烦，请第一时间告诉我，我一定是全球 70 亿人中最愿意帮助你的人。

"我小时候，每次偷吃妈妈买的豆腐，每年中秋节把家里的一盒月饼吃光，爸爸妈妈从来没有问过'是你吃的吗？'1966 年由于岛内的漫画审查制度，我失业了，带着行李从台北回到乡下的家里。跟往常只住三五天不同，那次回家待了两个多月，爸爸妈妈也没有问过我一句'你是失业了吗？'在他们看来，家是你永远的家，你爱住多久就住多久，住一辈子都是你的权利，连问都不需要。假如有一天，我的女儿带着孩子毫无缘由地回家住了几个月，我也不会问她，'你是离婚了吗？'住就好了，家永远是你的家，你爱住多久就住多久。"

女儿蔡欣怡 29 岁结婚那天，蔡志忠上台致辞：

我的父亲如同三千年前世代务农的祖先一样，很明白自己无法教导一个要到台北画漫画的小孩，他所能教导的是跌倒要自己爬起来的独立勇气。对于将要到美国留学的女儿，我能教导她的就是独立思考，勇于做自己，失败了擦干眼泪再站起来的精神。

我父母对我的教导，就是你生而为主，是家庭的一分子。我对你只有永远的支持，数学考 0 分请你吃牛排。家永远是你最后的后盾。爱是什么意思？你真心爱一个孩子，让他感受到，他到外面敢于面对任何挫折。勇于面对任何困难，因为他知道永远有一个家，在爱他支持他，没有条件！

我以心传心也把这一套教给了女儿，无论她犯了多大的错误，我永远都支持。所以我相信她对她的子女也一样，希望能够把这一优良传统传给她的子女，一代代再传三千年。

他说道："致辞完，获得台下如雷掌声。我女儿婚后生了两个女儿，跟我的致辞一样，她也以心传心教导她们独立自主，发展自己的个人兴趣。"

当孩子从父母这里获得充分的爱，建立起充分的信任感，当他遇到问题时，总能得到父母的理解和帮助，他自然会对父母表达出依恋和信赖。

让孩子感受到爱，比爱孩子更重要。而爱的真正基础是尊重，每一个生命都值得被尊重。当生命被尊重时，才会更加自由绽放。如果对孩子的爱是有条件的，是要求回报的，是斤斤计较的，那么这种爱就不纯粹，是交换型的。

蔡志忠说，父母爱子女，最重要的是心的联结，正如榔头打不开锁，小钥匙却可以。

一把大榔头奋力打一把大锁，打了好半天还是打不开锁。

这时一把小钥匙叮咚叮咚轻快地跑来，钻进锁孔轻轻一转，大锁就打开了。

大椰头很惊奇地问小钥匙说:"为何我费了那么大力气也打不开,而你却能轻松打开呢?"

小钥匙说:"因为我懂得它的心。"

孩子是极其敏感和智慧的,所以千万不要瞧不起孩子,父母的一个动作,甚至一个眼神,他们就能察觉出来。我们要给孩子最坚定的支持,而信任和欣赏是最大的支持,也是最真挚的爱。允许孩子去犯错,平和地接纳他的不精彩。

我想讲一个真实的故事,这是我采访过的原卫生部副部长、著名妇科肿瘤专家曹泽毅遇到的一个病人。我的一位在《生命时报》工作的同事记者李迪曾一直跟踪采访。在我们一次共同采访曹老的路上,他为我详细还原了一位北京姑娘匪夷所思的经历。今天,我想从另一个角度讲述一遍。

2019年7月初,曹泽毅接到一名学生的电话,说有位卵巢癌晚期病人奄奄一息,家人不想放弃,但多家医院拒收,她评估自己所在的医院不具备救治这位病人的条件,希望能帮忙判断一下还能不能挽救。

见到患者时,就连见多识广的曹老也大吃一惊。这是一位女士,未婚,43岁的她已经满头白发,面无血色,四肢骨瘦如柴,肚子鼓得就像即将生产的孕妇,奄奄一息。病人的特征给人的第一感觉就是癌症晚期病人,腹中巨大的肿瘤把整个人都"榨干"了。不过,经过曹泽毅的检查,并不像之前判断的卵巢癌晚期,也许还有救治的机会,于是马上安排患者尽快准备手术。

手术过程果然十分困难,非常危险,数位专家进行了七八个小时。

术后，病人转入 ICU 病房。四天后，病人情况平稳，回到普通病房。

曹老去看病人时，她缓慢地说："我像一艘破旧不堪的船，沉到了海底，是您把我捞了上来，又让我看到阳光。"曹老轻抚她的额头，握住她的手，对她说："好好吃饭和活动，一切都会好起来！我们只切了一侧卵巢，保留了子宫。如果遇到合适的人，你还有机会生儿育女。"病人哭了，曹老也眼眶湿润。

后来，患者家属为曹老讲述了自己的故事。这个姑娘出生于一个高知家庭，父母都是大学教授，从小对女儿家教很严。父母让女儿从小到大一门心思读书，两耳不闻窗外事。女儿在父母设计的轨道上，从重点小学、重点中学考入了名牌大学，可谓顺风顺水。

毕业后，女儿进入了一家人人羡慕的好单位。没有任何社会经验的她初入职场，遭遇了一些挫折，女儿找父母倾诉，不但没有得到父母的支持，反而遭到了数落。父母认为女儿为人处世的方法有问题，又拿出家长高高在上的一套。但这次女儿与以往判若两人，她和父母大吵一架，很久都没有说话。

后来，女儿谈恋爱了，对方是名门之后。父母怕女儿上当受骗，就说女儿配不上这样的男人，处处贬低她。这一次女儿爆发了，回想起小时候种种被安排、被控制、被贬损的事情，女儿的愤怒像开闸的洪水一般倾泻而出。父母震惊了，他们不知道女儿为什么变了一个人。

得不到父母支持的女儿最终还是分手了，父母这下放心了，但女儿却永远关上了和父母沟通的那扇门。

工作和恋爱双双受挫，女儿抑郁了，她辞了职，来到北京郊区一个农村小院独居，一住就是三年半。这期间，她过着与世隔绝的生活，全靠父母定期送来食物和日用品过活。她很孤独，便养兔子陪伴自己，夜里害怕不敢闭眼，就昼夜颠倒，晚上活动白天睡觉。父母见她面黄肌瘦、腹部肿大、精神恍惚，强行把女儿带到市里就医。

回到城里家中，女儿还是按照在农村独居时养成的习惯生活，在卧室里养兔子，晚上活动，白天睡觉，不让父母进自己房间。

他们辗转了很多医院，最后被判定"卵巢癌晚期，活不过两个月"。就在"被判了死刑"送去临终关怀前，才有了开头发生的事。

听完这段故事，我为这位女儿感到庆幸，更多的是为她的父母感到悲哀。出生在高知家庭，女儿从父母那里得到的爱永远是有条件的，只有考了高分，考上了好中学、好大学，找到了好工作，听父母的话，才能得到父母的爱。至于她是不是真的快乐，并不重要。或者说，在她的父母看来，考了高分，考上了好大学，找到了好工作才有资格快乐。

女儿恨自己的父母，企图用摧毁自己的方式来报复他们，让他们后悔决定自己的人生！而她的父母也很痛苦，他们甚至无法理解：我们如此爱自己的孩子，给她最好的东西，让她接受世界一流的教育，为什么她会恨自己？

蒙台梭利认为，让孩子服从成人的意志，这是成人犯下的最大最可耻的错误。

这对高知父母包办了孩子的一生，也毁了她的一生。在教育孩子上，从一开始就忽略了一个最重要的步骤：倾听和尊重孩子的意愿。

女儿从小被压抑天性，不被尊重理解，完全没有自我，即便再优秀也会藏着一颗受伤的心灵。

爱孩子就要理解孩子，爱是一个口袋，往里装，产生的是满足感，而往外掏，产生的是成就感。一个人在被他人需要时，才能感受到自己渺小的生命是多么伟大，于是感悟到一种深深的爱意。

一位作家妈妈曾这样对自己正在上初中的儿子说："很感激你能成为我的儿子，至于你是上哈佛大学还是职业学校，在全球最大创意公司工作还是做家里后院的传统从业者，只要你选择，妈妈就爱。成功与失败是最市侩的定义。如果我希望成功，我会自己追求，不会逼迫你去帮妈妈完成。人生神奇，从不言晚。你深思熟虑后的决定妈妈都会支持，就像支持一个未知的肚子怀胎十月，慢慢瓜熟蒂落。"

还记得在《哪吒之魔童降世》中，我们看到了一对和以往不一样的父母，他们始终站在儿子哪吒这边，哪怕他生而为魔，他所得到的爱，也是一点都没少。爸爸妈妈愿意为他死，也愿意为他做好事，只要能让他好好活着，愿意和他一起战斗，一起面对未知。纵使全世界的人都不容他，父母依旧是他坚强的后盾。

信者得爱，爱者自救。只有爱才能让我们成为更好的人。

孩子成长的路上，最好以爱为支撑的权杖。

爱，是一项权利。

使孩子优先成为有爱的人、安全感充沛的人，是父母的第一选择。绝对的爱，不被孩子的表现左右，只因为他是你的孩子。

"父母如何更好地与孩子建立情感纽带？"我曾带着这个问题请教蔡志忠老师。

蔡老师对我说：

男女由相爱而聚合，母子由相恨而分离。

子女还需要依赖时不得不从，长大后不再那么需要依赖时，便开始叛逆!

一对相爱的男女会急切地想知道："自己该怎么做，对方会更爱自己？"

他们问了，也做了，于是两人的身心联结得更紧密，终于结合在一起。

母亲孕育子女，身连身、心连心，出生之后婴儿不得不依赖母亲，但为了教养问题，母子的心却渐渐分离。这时母亲应该要像当初恋爱时一样，问子女："告诉我，妈妈应该怎么做，才是真正的爱你？"

听孩子的心声，他们会告诉你如何去做。

2. 父母和孩子终究是一场别离

亲子关系真的很短，
短到还没倾诉真情，子女已经离去。

——蔡志忠

之前，我收到蔡志忠老师发给我的一封邮件，里面是这样写的：

我经常会抽空写一些生命哲理感言：

1. 人为什么要珍惜时间？
因为时间就是生命本身。

2. 幼年真的很短，
短到没有任何记忆。

3. 青春真的很短，
短到来不及回顾已经成年。

4. 亲子关系真的很短，
短到还没倾诉真情，子女已经离去。

5. 生命真的很短，短到死前的一生回顾只有瞬间。

（第4句是为你写的）

世界上所有的爱都以聚合为最终目的，只有一种爱以分离为目的——那就是父母对孩子的爱。

孩子来到家庭和你成为一个共同体，这就是人生的缘分。怎么样能够珍惜和孩子在一起的时光？事实上我们知道，当孩子真正离开你的时候，你想和他在一起也很难了。所以真正在一起的时间是非常有限的，而且在一起本身就是教育。

父母子女一场，终究是渐行渐远的旅途。

成功的教育背后，往往站着一对懂得适时放手的父母。
温暖但不滚烫，这便是父母对孩子的爱。

蔡志忠说："我们不能照顾孩子一辈子，我们必须尽早教会孩子独立。"

我有一个做主持人的朋友，是一个独立自强的女孩，年纪轻轻的她既没有殷实的家庭，也不是名校毕业，却在短短几年在北京站稳了脚跟，其中甘苦自知。不久前，看到她发了这样一则长长的朋友圈：

小时候那个无所不能的爸爸，现在用他笨拙的跟不上时代却令人落泪的方式，继续爱着我。

他一直以为在我朋友圈评论所有人都能看见，所以他一直坚持评论，以为能为我积攒人气，我也从来没有告诉过他，其实别人看不见。

也许我爸不能像别人的父亲那样跟女儿谈经论史，他只有初二的学历，他也不能随手给我送套房、送辆车，给我买苹果手机，他只是个农民。但是他给了我获取财富和知识的能力，他塑造了完整的有着独立价值观和快乐的我。

有一天，我爸问我，为什么我不能评论你的视频？我跟他说，因为你的功能没有开放，你只能在朋友圈评论。从此，我爸每次都会在我的朋友圈评论，有时候是"原来是这样啊，我要小心了"，有时候是"希望你一生开心快乐"。之前我主持直播的时候，他会提前找我要链接，进直播间假装路人，夸主持人又好看又专业。他用他仅剩的微薄之力，照耀着我。也许对他来说，他还能为我做点什么，就是最幸福的事情了。爸爸，我爱你。

父母的第一个任务是和孩子亲密，呵护孩子成长；第二个任务是和孩子分离，促进孩子独立。

若把顺序做反了，就是在做一件反自然的事，既让孩子童年贫瘠，又让孩子的成年生活窒息。

小时候宽松自由的家庭环境让蔡志忠异常独立自强。他15岁离开家独自到台北打拼，之后便再也没有和父母长时间生活过。很多年后，他曾这样写道：

子欲养而亲不待

爸爸和妈妈40岁前，生活于中国台湾受日本统治时期，受日本文化熏陶，他们也会讲生活上的日语。虽然没去过日本，但对京都、神户、大阪、东京一定很向往。

中国台湾开放海外观光时，我正好刚创办远东卡通、龙卡通动画公司，正在拍动画电影《七彩卡通老夫子》，工作很忙。后来母亲中风无法行动，卧病在床十几年。等到他们双双离开人世之后，我才想通一个事实：虽然我很忙，但应该主动给他们旅费，让他们自己旅行到日本参观。等到事过境迁机会不再的现在，我才深深体悟到："树欲静而风不止，子欲养而亲不待。"

3. 和孩子一起成长

我们不爱自己的孩子，期待将来谁会来爱？

——蔡志忠

意大利著名哲学家、心理学家皮耶罗·费鲁奇在他的书《孩子是个哲学家》中这样写道："作为两个孩子的父亲，我的每一天都经历着紧张与新奇。和孩子们一起生活，就像一场持续的地震——古老的确定性土崩瓦解，新的思想和情感不断涌现。我相信，父母这个职业容易产生失望和疲惫，但也是难能可贵的成长机会。因为孩子，所有的孩子都是自发的、热情的、原始的、真实的。在教育他们之前，身为父母的我们必须先充实自身。因为当生活遭遇不可避免的挑战时，我们需要汲取连自己都不知道的内在资源和知识。只有这样，在那些困难时刻，我们才会显得更加有力和自由。养儿育女的工作不只是一份辛劳的付出，更是一场精神的探险。"

没有天生的成功父母，也没有不需要学习的父母，为人父母的成功都是不断学习提高的结果。

每一个人在做父母之前都要学习相关的知识，关于怎样做父母的意识和知识准备得越早越好，越充分越好。

在蔡志忠看来，优秀的孩子多是优质教育的结果，问题孩子多是问题家庭的产物。孩子的问题大多不是孩子自身造成的，而是父母问题的折射。父母常常是孩子问题的最大制造者，同时也是孩子改正错误与缺点的最大障碍。当务之急不是教育孩子，而是教育父母，没有父母的改变就没有孩子的改变。没有不想学好的孩子，只有不能学好的孩子；没有教育不好的孩子，只有不会教育的父母。因此在骂孩子之前骂自己，在打孩子之前打自己，只有这样才能彻底地改变自己。

著名教育家苏霍姆林斯基说："某一瞬间，你看到孩子，也就看到了自己；你教育孩子，也就是教育自己，并检验自己的人格。我们当父母的对了，孩子自然就对了。"

教育归根结底不是怎么教育孩子，而是怎么教育自己。

老子说："自知者明。"父母只有首先认识自己，教育好自己，并活在自己内心的光明里，才有可能教育好我们的孩子，才有可能给孩子带来光明。

我如今经常感慨，现在才理解"孩子是天使"这句话，如果不是养育孩子过程中遇到困难，我不会去探索，不会深刻反思自己的成长历程和思维模式。现在，我的生命在走向开阔，这是孩子带来的改变。

如果我们抗拒成长，就会把成长的任务转嫁到孩子身上。如果我们不能接纳自己，对自己不满意，就格外需要一个令人满意的孩子。如果我们不能处理好亲子关系，心中就会有一个"理想小孩"的形象，希望孩子主动符合我们的期待。选择与孩子一起成长，意味着我们要重新审视三组最基本的关系，要面对人生的问题，寻求答案，完善自我。在某些时刻，我们只是大号的孩子。我们成长中积累了很多暗伤，许多成长任务并没有完成，与孩子相处，这些问题再次浮出水面，这也是很好的线索。当我们感到困顿、力不从心的时刻，不妨停下来，看看到底是什么阻碍了我们。

教育孩子的王道，是执着地栽培自己。

美国著名作家艾萨克·阿西莫夫曾这样说："未来他（指孩子）爱怎么活就怎么活，他不必辛辛苦苦为了给我争光而努力，我完全能靠自己赢得辉煌。"

父母需要把养育的注意力从孩子转向自身，唯有改变自己、丰富自己、提升自己，以充满爱、价值感、尊重人际界限、拥抱改变的积极状态，才能帮助孩子健康成长。

当然，不完美才是真实的父母，父母是人不是神。我们作为父母已经足够努力，也不必给自己太大的压力，因为我们并非无所不能无所不知，让孩子了解我们是普通的人，多一些经验，依然在学习，就够了。

我曾经听一位教育专家这样自我评判，我的孩子现在工作了，她非常成熟大气，现在更有能力批判我，她有时会指出我在她小时候犯的过失，认为我的某种行为在当年伤害了她。我虽然后悔，但我现在意识到，我当年绕不开那些过失，那是我成长的必经之路。我不能用现在的思想和高度去批判当年的自己。所以这种时候，我只是尴尬地笑笑，向她承认妈妈当年好傻。

"父母是弓，孩子是箭。父母能做的，就是尽力拉开弓，帮助箭实现梦想。"蔡志忠说，做父母的要明白，孩子也只是暂时寄养在我们这里的，他们迟早会长大，独立地走自己的人生之路，送行的一天必将到来，再舍不得也不可能与之同行。父母所生的只是孩子的身体，而非灵魂。不管父母多么精心地设计和运作，孩子的未来并不听从你们的安排，往往还使你们大吃一惊。所以，父母的职责是做好监护人，给孩子身心成长提供一个好的环境，做到了这一点即可安心。至于孩子将来终于走了一条怎样的路，那不是你们能支配的，荣耀不是你们的功劳，黯淡也不是你们的过错。

蔡志忠经常会谈到自己的"育女经"：

"我从未把女儿当作孩子，她是一个有思想的人，她有她的秘密、她的想法、她的人生。她不属于我，我们之间是彼此独立的个体，我不把自己的意志强加于她，我们像朋友一样相处。我的女儿在接受媒体采访时曾这样说，'我爸爸把我当作朋友，大概前辈子是恋人。他从来不会要求我去做我不喜欢做的事情。每次我遇到事情问他的时候，他总是说你有大脑，你自己决定。'因为我始终相信，一个人自己选择自己的路，不会埋怨别人。"

最好的教育是父母的爱。这份爱里，不仅有足够的爱和保护，更有培养孩子独立思考、面对未知的能力。

教育就是一棵树撼动另一棵树，一朵云推动另一朵云，一个人影响另一个人，绝不是一个人改变另一个人。教育又像放风筝一样，需要灵活机动地拉回绳子，让风筝避开一些危险，也需要及时放开绳子，让它飞得更高更远。作为父母，我们应该让我们去寻找和接近这些能让自己放飞梦想，且能唤醒自己内心无限潜能的生命！

最后，我想再说一遍和蔡志忠老师初次见面时，他送我的一段话，并将此作为本书的结尾：

孩子只有你一位父（母）亲，
要真心爱你的孩子。

如果我们不爱自己的孩子，
期待将来谁会来爱？

如果我们不挺自己的孩子，
期待将来谁会来挺？

如果我们不理解自己的孩子，
期待将来谁会来理解？

如果我们不欣赏自己孩子，
期待将来谁会来欣赏？

我们只有一个孩子，更应该真心地爱他、挺他、了解他、欣赏他，及早教育他成为优秀的人才，引发他找到人生焦点，自发性学习，拥有智慧，成为早期教育下的灿烂之星。

爱，就是让孩子知道他有无条件支持他的父母。
那么他将勇于面对外在艰难，
因为他知道自己有个永远可以回去的港湾。

蔡志忠

李虹在北京采访蔡志忠

图书在版编目（CIP）数据

我命由我不由天：父母是弓，孩子是箭 . 4 / 李虹，蔡志忠著 . -- 北京：
现代出版社，2021.9

ISBN 978-7-5143-9349-1

Ⅰ . ①我… Ⅱ . ①李… ②蔡… Ⅲ . ①蔡志忠 - 自传 Ⅳ . ① K825.72

中国版本图书馆 CIP 数据核字 (2021) 第 147892 号

我命由我不由天：父母是弓，孩子是箭 . 4

著　　者：李　虹　蔡志忠
责任编辑：赵海燕　朱文婷
出版发行：现代出版社
通信地址：北京市安定门外安华里 504 号
邮政编码：100011
电　　话：010-64267325　64245264（传真）
网　　址：www.1980xd.com
电子邮箱：xiandai@vip.sina.com
印　　刷：北京瑞禾彩色印刷有限公司
开　　本：710mm×1000mm　1/16
印　　张：18.75　　　　　　　字　　数：216 千
版　　次：2021 年 9 月第 1 版　　印　　次：2021 年 9 月第 1 次印刷
书　　号：ISBN 978-7-5143-9349-1
定　　价：52.00 元

更多精彩

尽在"只读文化工作室"官方微博

我命由我不由天 4

李虹　蔡志忠｜著